JN318754

夢をつなぐ

宇宙飛行士・山崎直子の四〇八八日

山崎直子

角川文庫
17962

目次

第二章　訓練開始、ハードなサバイバルトレーニング

第三章　突然襲ってきた不幸

第四章　ヒューストンでの訓練漬けの日々

第五章　最後の追い込みと一回休み

第六章　宇宙《そら》へ

プロローグ

あの日——。

深夜一時をまわった頃、高校受験を間近に控えていた中学三年生の私は、いつものように茶の間のこたつでテレビをつけっぱなしにしながら、入試直前の最後の追い込みに懸命だった。

テレビは、もちろん番組を見るためにつけていたのではなく、単なるBGMがわりである。

それでもちらちら見ていたテレビから、突然、衝撃の映像が流れた。

アメリカ・フロリダ州のスペースシャトルの打ち上げの模様。

ところが、真っ青な大空には、まるで巨大な大蛇がのたうちまわっているような白煙が、もくもくと帯を伸ばしていた……。

アメリカ東部標準時間で一九八六年一月二十八日十一時三十八分、時差が十四時間ある日本では翌二十九日の未明、宇宙に向かうスペースシャトル・チャレンジャー号が爆発した。打ち上げからわずか七十三秒後の出来事だった。

大爆発を起こしたチャレンジャー号の残骸《ざんがい》は、フロリダ・ケネディ宇宙センター沖の大西洋洋上に砕け、飛び散った。この爆発で、フランシス・リチャード・スコビー船長以下七名の宇宙飛行士の尊い命が失われたのである。

このミッションSTS—51—Lは、初の黒人宇宙飛行士だったロナルド・アーヴィン・マクネイア、アメリカの宇宙計画において初のアジア系宇宙飛行士となった日系人のエリソン・ショージ・オニヅカ空軍中佐、そして一万一千人以上の志願者の中から選ばれた初の民間人宇宙飛行士で高校教諭であったシャロン・クリスタ・コリガン・マコーリフという、三人の「初」の宇宙飛行士が搭乗するプロジェクトとして、世界的な話題となっていた。そのため発射の瞬間は、CNNをはじめとするテレビ局によって、世界に生中継されていたのである。

チャレンジャー号が四散していく中、七名の宇宙飛行士が搭乗していたクルーコンパートメントはそのまま機体から離れ落下、それほど破損していない状態で、大西洋から回収されている。三人分の緊急用酸素供給機が作動していたこと、司法解剖で直接の死因は海面に叩《たた》きつけられ、その時の衝撃によるショック死だったことが判明したことなどから、一部の宇宙飛行士は、意識は失っていたと推測されるが、海中に墜落する瞬間まで「生存」していたのではないかと見られている。

小さい頃から私は、宇宙に対して憧《あこが》れをもっていた。『銀河鉄道999』や『宇宙戦艦ヤマト』などの大好きだったアニメーションに感化され、

（いつの日か、宇宙に行けるんだろうな）

と漠然と思うようになっていた。まだ、「宇宙飛行士」という職業のことは知らなかった。

その頃の私の夢は、学校の先生になることだった。だから私は、その後大学に進学し、在学中に中学・高校の数学の教員免許を取得した。

このスペースシャトル、ミッションSTS―51―Lには、高校教師のクリスタが搭乗していると知り、

（学校の先生が、宇宙に行くんだ……）

と、興味をもっていた。

そのクリスタが乗っていたチャレンジャー号が、みんなが見ている目の前で爆発した。

勉強の途中でペンを手にしたまま、私は呆然《ぼうぜん》とテレビの画面を見つめていた。テレビの画面に映っているのは、アニメや映画ではない、作りものとは違う本当の出来事。

（本物の宇宙船があるんだ。そして本物の宇宙飛行士がいるんだ。その宇宙飛行士には生きていてほしい。でも……）

空に浮かぶ白煙は、現実を物語っていた。

人の命が一瞬のうちに奪われるという、どうしようもなく悲しい現実。

クリスタは何を思っていたのだろう……。

女性であり、普通の民間人だった彼女は、男性やベテランの宇宙飛行士たちに交じって、とびきりの笑顔をしていた。ニューハンプシャー州の高校の社会科の教員である彼女は、NASA TVを通じて宇宙から数百万人の子どもたちに対して授業を行う予定だった。

まさか、みんなが見守る中、こんな事故が起きようとは……。

享年三十七。

あとにはスコットとキャロラインという、九歳と六歳の二人の子どもが遺《のこ》されたことを後で知った。

(彼女の夢は、みんなの夢は、これで終わりじゃない。きっと後につながっていく。私もそれを、つないでいけないだろうか……)

女性であり、妻であり、母であり、教師であり、そして何よりも宇宙飛行士であったクリスタ。彼女の夢、彼女の希望は、極東の小さな国に住む十五歳の少女だった私の心に、自分でも気づかないうちに、深く刻み込まれたのだった。

...space is a unique opportunity to fulfill my early fantasies.

宇宙は幼い頃からの私の夢を実現させるただ一つのチャンスなのです。

Christa McAuliffe

第一章　夢の第一歩

◎普通の女の子だった私

人は、どのようにして自分の夢を叶《かな》えるのだろうか。

「私は学校の先生になりたいです」

「大きくなったらディズニーランドで働きたいです」

小中学校の卒業アルバムなどに、私はそう書いた。

私は、日本中どこにでもいる、ごく普通の、ちょっと夢見がちな女の子だった。

一九七〇年、千葉県の松戸に私は生まれた。教師と宇宙というこの二つに、小さい頃から漠然とした憧《あこが》れをもっていた。

松戸にいるときも、父の仕事の都合で北海道に住んでいたときも、夜空を見上げて星の数を数えたり、プラネタリウムを見に行ったり、SFアニメを兄と一緒に見たりするのが好きだった。

アニメを見ながら、

（大人になったら、誰でも宇宙に行けるんだろうな）

と、素朴に信じ込んでいた。

小学二年生の時に参加した札幌市内の「星を見る会」で、天体望遠鏡で月を見たときの感動は、今でも忘れられない。

「月って、でこぼこなんだね。宇宙ってすごいなぁ」

夜空に光る黄色い月に、本当はクレーターや凹凸があるなんて、子供心にも不思議でしょうがなく、天体望遠鏡で星を見るのがとても楽しかった。


でも幼い頃は、「宇宙飛行士」という言葉すら知らなかった。ただ、宇宙に憧れていた。そして同じくらい動物もお花も好きな、ごくごく普通の女の子だった。

ただ、中学三年生の時に見たスペースシャトル・チャレンジャー号の事故が、私の胸の中で「教師」と「宇宙」という二つの夢を結びつける核になったのは確かだろう。

（先生になる、そして宇宙に行く、それを実現しようとした人がいた……）

クリスタがスペースシャトルに乗り込む際の笑顔が、それからの私に人生の転機が訪れるたびに、私の脳裏に蘇《よみがえ》った。そして、クリスタの思いに心を傾けている自分がいた。

いつからか私は、自分でも気づかないうちに、自分の人生の針路を二つの夢の実現のために向けていくことになったのであろう。

◎モノ作りが好きだったから

お茶の水女子大学附属高等学校を卒業後、私は一九八九年に東京大学工学部航空学科に入学した。航空学科を選んだのは、もともとモノを作るということが好きだったのと、宇宙で運用できるロボットの研究、開発に興味があったからである。だから必ずしも「宇宙飛行士」を目指してこの学科を選んだわけではない。

大学卒業後の一九九四年から一年間、ロータリー国際親善奨学生としてアメリカ・メリーランド州のメリーランド大学に留学。ここはロボット工学、人工知能の研究では全米でも屈指の大学である。

留学しようと決めたとき、父に話を切り出したら、

「湾岸戦争があったばっかりなのに、女の子が一人でアメリカに行くなんて、むちゃだ！」

と、にべもない返事。

私の両親は、必ずしも自分の子どもに好きなようにさせるタイプではない。どちらかといえば反対する方が多かった。

そこで自分の両親を、どうすればウンと言わせることができるか考え、まずロータリー奨学金を受ける面接を受け、留学先の学校を選んでいった。経済的な負担を減らし、留学の意義を明確にする。そして一年間かけて説得工作を行い、両親を納得させたのだった。

帰国後は、東大大学院航空宇宙工学専攻修士課程を修了した。

◎クリスタの思いに導かれて

「山崎《やまざき》さんって、本当にすごいですね。進学一直線の子ども時代だったんですよね。ご両親も、すごく教育熱心だったんでしょう？」

私のこれまでの人生の軌跡を聞くと、多くの人はこんな言葉を私に投げかける。あたかも私のことをスーパーウーマンか、あるいは選ばれた教育エリートではないかと思ってしまうようである。

確かにお茶の水女子大附属高校から東大、アメリカ留学、東大大学院、そして宇宙飛行士という私の経歴は、世間的にはまさに絵に描いたようなエリート街道を歩んできたと思われるかもしれない。

だが私は、けっして生まれながら天才的な頭脳をもっていたり、他人より恵まれた環境や富の中で育ったりしたわけではない。

私の父は陸上自衛隊の自衛官であった。普通の公務員と同様、自分の収入の中から生活費を節約して、子どもの教育費に充てていた。

実際私は、塾に行ったのは中学三年、高校の夏期講習や、高校三年の受験前の期間くらいだったし、そもそも実家には、私個人の勉強部屋などなかった。勉強はいつも食堂兼居間のテーブルでやっていたし、大学受験の時ようやく、廊下の端に机を置き、カーテンで区切って自分専用の勉強スペースにしていたくらいである。

学生生活もごくごく普通で、多くはなかったが恋バナに花を咲かせもしたし、高校時代は硬式テニス部とジャズダンスクラブ、大学ではEnglish Speaking Society（ESS）で演劇をやるなど、ごく当たり前の学園生活を満喫している、どこにでもいる学生だったのだ。

つまり私は、他の人と比べて特殊な何かをもっていたわけではない。ただ、進学の時も就職の時も、なぜかあのチャレンジャー号の事故のことが思い出されて仕方がなかった。自分でも意識しないうちに、クリスタの思いに導かれるように針路をとっていった結果が、こうなっただけなのである。

◎「宇宙飛行士候補者」の条件

実は私は、アメリカ留学中に宇宙飛行士の試験に応募したことがある。だがこの時は、あえなく書類選考で落とされてしまった。

とはいえ、この時は落ちるだろうということはあらかじめわかっていた。というのは、当時の私は受験資格を満たしていなかったからである。

私が受けたときの募集要項の「応募条件」には、

自然科学系の研究、設計、開発等に3年以上の実務経験を有すること。（なお、修士号取得者は1年、博士号取得者は3年の実務経験とみなす。）

という一項があった。

初めて応募したときの私は、この条件を満たしていなかったわけだが、それでも応募したかった。

そもそも宇宙航空研究開発機構（JAXA）が募集するのは「宇宙飛行士候補者」、つまりあくまで「候補者」であり、訓練等を受け、国際的に「宇宙飛行士」として「認定」されなければ、JAXAの試験に合格しても宇宙飛行士であるとはいえない。さらにいえば、たとえ宇宙飛行士として認定されても、スペースシャトルあるいは国際宇宙ステーション（ISS）への搭乗が決定しない限り、宇宙に飛び立つことはできないのである。

このJAXAの選抜試験は不定期に行われ、私が留学中に受けたのは第三回目だった。日本人が宇宙飛行士を職業にするには、現状ではこの選抜試験を受けるしかない。厳密にいうと、民間の宇宙関連企業で宇宙飛行士として働く宇宙飛行士試験を受けるといった方法もありうるだろうが、私が応募した頃は、まだそういう時期ではなかった。

ところで、この宇宙飛行士候補者の募集要項の応募条件は、募集するごとに若干違いがあるが、最新の平成二十年度に行われた「国際宇宙ステーション搭乗宇宙飛行士候補者募集要項」では（この時は油井亀美也《ゆいきみや》さん、大西卓哉《おおにしたくや》さん、金井宣茂《かないのりしげ》さんの三人が選ばれた）、「日本国籍を有すること」「大学（自然科学系）卒業以上」などといった項目が並んでいる。

体格に関しては、

身長：１５８ｃｍ以上１９０ｃｍ以下

（注：宇宙服を着用して船外活動を行うには、約１６５ｃｍ以上が必要です。）

私が受けた時は百四十九センチから百九十三センチまでだったので、ハードルが高くなっている。体格は、搭乗する宇宙船の設計に応じて、どうしても制限が出てしまう。さらに船外活動には、宇宙服のサイズの制約があるのだ。これらの制約は、時代によって変わっていく。

また、「訓練時に必要な泳力」というのも求められており、

水着及び着衣で75ｍ：25ｍ×３回を泳げること。また、10分間立ち泳ぎが可能であること。

となっている。

これは、NASAでの訓練で使用するT—38ジェット練習機に不具合が生じ、洋上に緊急射出しなければならない場合を想定したものである。

他にも、

「日本人の宇宙飛行士としてふさわしい教養等を有すること」

という一項もあり、「ふさわしい教養」の詳細としては、

「美しい日本語、日本文化や国際社会・異文化等への造詣《ぞうけい》、自己の経験を活《い》き活きと伝える豊かな表現力、人文科学分野への教養など」

と解説してある。なんとなく、ミス・ユニバースなどの美人コンテストにも同じような項目が選定条件としてあったような気がするが、要するに応募者は理工系の人間なのだが、国際プロジェクトの中で働く日本人として、日本のことを伝える教養があること、ということなのだろう。

その他にも自動車免許をもっていること、矯正視力で一・〇以上あること、国際的な宇宙飛行士チームの一員として円滑な意思の疎通を図れる英語能力など、納得できる条件とともに、

　10年以上宇宙航空研究開発機構に勤務が可能であり、かつ、長期間にわたり海外での勤務が可能であること。

と記されている。つまり、JAXAの職員以外の人は、候補者に選ばれた場合、転職を余儀なくされるわけだ。そのために、同じく応募条件には、

　所属機関（又は、それに代わる機関）の推薦が得られること。

という一文がわざわざ書かれてある。

なお、合格者はJAXA勤務になるわけだから、給与の規定も明文化されており、平成二十年度で基本給は大卒三十歳で約三十万円、三十五歳で約三十六万円。実は平成十年度より下がっているのである。

受験者の大部分は他の職業でそれなりの地位を得ており、宇宙飛行士候補者に採用された場合、収入が減る人が多いのではないだろうか。

◎二度目のチャンス

大学院修士課程を修了した後、一九九六年四月に私はＮＡＳＤＡ（宇宙開発事業団、現ＪＡＸＡ）に入社した。就職先にＮＡＳＤＡを選んだのは、好きな宇宙開発の現場で働きたかったからである。

（まずは経験を積み、また選抜試験があったら受けよう……）

そう思ってもいた。

ただ私は、宇宙飛行士になるためにＮＡＳＤＡに就職したというわけではなく、好きな宇宙とロボットの開発がしたかったのである。

私は大学で宇宙工学を学び、卒業設計では長期滞在型の宇宙ホテルを製図した。二十個ほどの個室カプセルが回転し、人工重力を発生させるというものであった。

ＮＡＳＤＡに入って従事したのが、ＩＳＳに搭載する「きぼう」日本実験棟のシステム・インテグレーションで、学生時代の研究テーマが活かされる形となった。

「きぼう」を製造していく過程は、まるで単なるモノでしかない機械に、魂を吹き込んでいくような作業だった。人間が手を加えていくたびに、少しずつモノから意識を持った生命体のようなものに変化していく、そんな興奮に満ちたプロジェクトだった。

さらに入社二年後の一九九八年六月からは、ＩＳＳの構成要素として構想された生命科学実験施設「セントリフュージ」の概念設計・開発を担当した。

そしてその一九九八年春、再び念願の宇宙飛行士候補選抜試験を受けるチャンスがめぐってきた。

この選抜試験は、書類選考のあと第三次まで選抜試験が行われる。

第一次選抜は一般教養や専門知識などの筆記試験、第二次選抜は英語や専門分野に関する面接試験と詳細な医学検査で、ここまでは入社試験や他の資格試験などでも行われるものとそう大差ないだろう。私が受けた選抜試験の時は、応募者が八百六十四名で書類選考の合格者が百九十五名、第一次選抜合格者が五十四名、第二次選抜合格者が八名。

だが宇宙飛行士候補選抜試験の場合、世の中のさまざまな試験と比べ、最終の第三次選抜がひじょうにユニークなのが特徴である。

◎二十四時間監視で一週間の監禁状態

選抜試験の応募条件の中に、

協調性、適応性、情緒安定性、意志力等国際的なチームの一員として長期間宇宙飛行士業務に従事できる心理学的特性を有すること。

というのがある。

第三次の最終選抜の目的はこの応募条件を満たしているかどうかをみるために「長期滞在適性検査」というのを行うのである。

具体的にどんな試験を行うかというと、ISSに設置されている日本の実験棟「きぼう」を模した閉鎖環境適応訓練設備（モックアップ）が、茨城県つくば市の筑波《つくば》宇宙センター内につくられており、最終試験に残った八名がその中で一週間過ごす。その中は窓すらない、ISSとまったく同じように外の世界から完全に隔離された閉鎖環境なのだ。いや、まだ美しい宇宙空間を眺めることができるだけ、実際のISSの方が暮らしやすいかもしれない。

ＩＳＳはアメリカ、ロシア、カナダ、ヨーロッパ、日本など多国籍の宇宙飛行士が、三か月から半年近く共同生活をしながら、各種の実験、ＩＳＳの運航などを行う設備である。ニュース映像等では、宇宙飛行士は、無重力状態の中で宙返りしたり、楽器を演奏したりと、いろいろ楽しそうなことを行っていると思われるかもしれないが、あれはあくまでちょっとした空き時間でやっていることに過ぎない。ＩＳＳに滞在する宇宙飛行士がやるべきスケジュールは山積しており、次から次へと作業を行っている。

長期の滞在になるだけに、さすがに個室が用意されてはいるが、狭い施設内で他国の人間と共同生活をしていくのは想像以上に過酷である。もちろん、ちょっと調子が悪いからと「早退」することもできない。精神・心理的な負担は想像に余りあるだろう。

実際に、旧ソ連時代の宇宙ステーション・ミールでは、滞在三十日を過ぎて、宇宙飛行士がお互いに敵意を見せ始めて口論になったこともあった。また、常に地球から〝監視〟されているストレスから、地上との交信スイッチを切ってしまった宇宙飛行士もいたという。

したがってISSに長期滞在する宇宙飛行士は、チームワークや協調性に優れ、さらには密閉空間で耐えることのできる強靭《きょうじん》な精神力を備え、ストレスでパニックなどにならないような人を選ばなければならない。受験生のメンタル面や性格を、この一週間の閉鎖環境施設内の最終試験で測ろうというのである。

訓練設備は、実験モジュールと居住モジュールに分かれていて、それぞれの大きさは大きめの路線バスくらい。

実験モジュールには作業台や、スポーツクラブでお馴染《なじ》みのランニングマシーン・トレッドミルなどが置かれ、居住モジュールには八名が座れる大きなダイニングテーブル、流し台、冷蔵庫、ベッド、シャワー、トイレが設置されていた。ここで一週間過ごす八名は二十四時間、五台のカメラで常にモニタリングされるのである。

面白いのは、ここで過ごす八人にはAからHまでのアルファベットの名前がつけられており、試験官から「Aさん」「Bさん」と呼ばれるのである。

◎まか不思議な試験内容

施設内のスケジュールは、午前六時に起床、七時から朝食、その後医師の問診が終わってから午前中の試験に取り組み、正午から一時間昼食休憩、十三時から十九時までが午後の試験、十九時に夕食、その後に日記、作文などを書き、二十二時就寝、二十三時消灯、といった規則正しいものだった。

その中でわれわれは、さまざまな課題をこなしていかなければならなかった。

例えば「ワープロ打ち」という課題があった。これは、A4判の紙一枚に脈絡のないアルファベットの文字列が書いてあり、これを二時間以内に十回繰り返して打つというものである。

また百四十四片のまったく何の絵柄もないホワイトピースのジグソーパズルを、三時間以内に組み立てるという課題もあった。これが意外に難しく、どのようにするのが最短最善の方法かまったくわからず、私は縁の部分から組み立てていった。この地道な作業は、結局数十ピースを残したままタイムアップ。

（これはちょっとまずいなぁ……）

そう思って他の人を見ると、完成した人は一人もおらず、少しほっとした。

以上の二つは個人個人の集中力をチェックする課題だと思われるが、もちろん協調性をはかる課題もあった。八人を二チームに分け、四人でレゴブロックを使って、

「ISSで使えるようなロボットを作る」というのがそれである。

試験官から出されたテーマは、「搭乗している宇宙飛行士達の心を和ませるロボット」。私たちのチームは、音楽を奏で、それにあわせてダンスをするロボットを製作することにした。

私をはじめ第三次選抜に残った八人は、いずれも自然科学系の深い知識を有している、ある種の「理系オタク」「メカオタク」である。この課題はみんな試験であることを忘れ、かなり熱中して取り組んだ。

一方、われわれ自然科学系の人間にとって難しかったのが「ディベート」である。「小学校の学級崩壊はどう対処すればよいか」「青少年の非行はどうしたら減らせるか」「尊厳死の法制化を認めるか」などのテーマで、肯定側と否定側に分かれた二チームが討論を戦わせるのであるが、どちらのチームになるかは試験官が決めるので、自分の普段の考えとちがう意見を言わなければならない場合もある。

例えば尊厳死の法制化はあり得ないと思っていても、認めるチームに振り分けられればそのように論を展開しなければならない。それも、ただ相手を一方的に言い負かすだけではなく、相手の主張もちゃんと受け入れ、その上で相手を納得させなければならない。これはディベートの訓練を受けた人でないと、なかなかできない技術である。

こうやって最終選抜の各課題をふり返ってみても、いったいこれがどんな選考基準があって、実際の宇宙飛行士という仕事にどのように役立つのか、わかったようで実はわからない課題も多かった。その中でももっともわからない課題の一つが、「東北地方一週間の旅」である。

時刻表、ガイドブック、一人七万円の予算で、旅行計画書を手書きで作成するというもの。旅行のテーマの設定、各地で行われているイベントの内容、日程など、さまざまな要素から旅行を組み立てていくのだが、

（いったいこれが、何の役に立つのだろう？）

やっている間、ずっと頭の中にクエスチョンマークが浮かんでいた。

どこが選考基準なのか、わかったようで未《いま》だによくわからない。

◎ライバルではなく盟友

当時私は二十八歳、最終選抜に残った八名のうち最年少で、しかも唯一の女性だった。

あとでこの第三次選抜について、

「一つ屋根の下に閉鎖されて、しかも監視付きで一週間暮らすなんて、まるで映画のようですね。それも全員がライバルで、男性のなかで生活するのは、大変だったんじゃないですか？」

と、よく聞かれた。

だが、実のところ私は、一週間の間に孤独感に苛《さいな》まれたり、苦労したりしたという感じはあまりしなかった。

確かに特殊な閉鎖環境で、時には頭を抱えたくなるような難問もあったが、自分の置かれている環境を忘れて熱中できるさまざまな試験に取り組むうちに、みんなのことを「ライバル」というよりも「盟友」と感じるようになっていった。これはたぶん、他の七人も同じ感想なのではないだろうか。

第三次選抜はその後、つくばからヒューストンに移動して、面接やモックアップでの擬似体験、さらに東京での最終面接が行われた。

その後われわれはＮＡＳＤＡが指定したホテルに宿泊し、合否の結果を告げる電話を待つこととなった。

一九九九年二月十日、NASDAからの連絡を待つ日、すでに同志的な連帯で結ばれていた私たちは、当日ホテルの近くのレストランに集合するよう決めていた。レストランに姿を現さなかった者だけが合格したとわかるのである。

「この中から、誰が宇宙飛行士になってもおかしくない。だから、宇宙飛行士になった者をみんなで応援していこうぜ！」

それぞれ自分たちの宿泊先に戻る前、みんなで言い合った。

われわれ八人、同じ目標に向かっていった仲間という連帯感が強くあった。

◎運命を開く電話

正午近く、私の部屋の電話が鳴った。電話をかけてきたのは、なんと先輩宇宙飛行士である毛利衛《もうりまもる》氏であった。

緊張している私に対し、毛利氏は、

「ゆうべはよく眠れた？」

と、いきなり聞いてきた。

「はい、おかげさまで……」

するとさらに毛利氏は、

「晩ご飯は何を食べた？」

と、試験の結果とまったく関係ない世間話を続けてくるのである。

（こんなたわいもない話を繰り返しているということは、落選したのだろうか……）

返事をしながらも、気が気でない。すると毛利氏が、

「ところで、合格おめでとう！」

いきなり言ったのだ。

「あ、ありがとうございます！」

頭の中が真っ白になった私は、お礼の一言を言うのが精一杯。

宇宙飛行士になれる、という実感がわいてきたのは、毛利氏からの電話を切ってからだった。そして、約束したレストランにいるであろう他の仲間たちのことが頭をよぎった。

結局この時の選抜試験で候補者になったのは、古川聡《ふるかわさとし》さん、星出彰彦《ほしであきひこ》さん、そして私の三名だった。

それにしても、なぜ、私が選ばれたのか。選考過程、理由などは誰に聞いても一切

明かされないので、これは永遠の謎である。

おそらく、後に控えていたミッションの内容、タイミング、専門性などのバランス、年齢などの諸条件が合致した結果選ばれたのであり、まったくの縁としか言いようがない。

◎「宇宙飛行士」とは？

ここでちょっと「宇宙飛行士」という職業について説明しておきたい。

というのも、ひとくちに「宇宙飛行士」といっても、その現在の任務は大きく次の三つに分けられる。

①アメリカのスペースシャトルに搭乗する（短期ミッション）。
②ロシアのソユーズに搭乗する（短期ミッション）。
③国際宇宙ステーション（ＩＳＳ）に長期滞在する（移動手段はスペースシャトルかソユーズ）。

さらにスペースシャトルの宇宙飛行士は次の四つの任務に分かれる。

①船長

②パイロット——船長が兼ねる場合もある。なお船長およびパイロットはアメリカ国民でなければならない。

③ミッションスペシャリスト（ＭＳ）——スペースシャトルの運航、ロボットアーム操作、船外活動などを行う資格を持つ。

④ペイロードスペシャリスト（ＰＳ）——スペースシャトル内の実験を専門的に行う研究者。

毛利衛、向井千秋《むかいちあき》、土井隆雄《どいたかお》各宇宙飛行士はペイロードスペシャリストとして訓練を開始し（毛利、土井両宇宙飛行士は、後にミッションスペシャリストになった）、若田光一《わかたこういち》、野口聡一《のぐちそういち》両宇宙飛行士は初めからミッションスペシャリストとして訓練を開始した。

これら五名の宇宙飛行士は、ペイロードスペシャリスト、ミッションスペシャリストのいずれにしても、アメリカのスペースシャトルに搭乗するミッションのために選ばれていた。そのため最終選抜試験に合格した後は、すぐにNASAに派遣され、ヒューストンに居を移していた。訓練は数年以上に及ぶため、ほとんどの方が家族を伴ってのヒューストン暮らしだった。

しかし古川聡、星出彰彦と私の三名は、当初はスペースシャトル搭乗の任務ではなく、「国際宇宙ステーション（ISS）長期滞在専門の宇宙飛行士」として選抜された。必要に応じてNASAやロシア、カナダ、ヨーロッパなどの訓練施設に行くことはあるが、自国の宇宙開発拠点で基礎訓練することが国際的に認められたのだ。初の「国産宇宙飛行士」と呼ばれた所以《ゆえん》である。

しかしこの四年後、私たちの運命が大きく変わることになろうとは、この時誰も予想すらしなかった。

第二章　訓練開始、ハードなサバイバルトレーニング

◎いきなり出戻りに

過去の例を見てみると、宇宙飛行士が宇宙飛行士候補者になってから宇宙に飛び立つまで、およそ十年くらいかかっている。

宇宙開発は国家がかかわる巨大プロジェクトであり、複数の国の政治、経済、社会事情によっていろいろ影響を受けるため、必ずしも何年後には宇宙に飛べるとはいえないのだ。

さらに訓練は多岐にわたるため、その訓練期間も長期のものになる。

具体的には約一年半にわたる基礎訓練を受け、正式に宇宙飛行士に認定されると、今度はアドバンスト訓練を一年半から二年、その後技術を維持する訓練を続けながら、打ち上げクルーに選ばれるのを待つ。そしてミッションが具体的になった段階で、今度は約一年半にわたり実地訓練である「ミッション固有訓練」というのを受ける。

スムーズにこのスケジュールで行けば、私は五、六年後には宇宙に飛び立てるはずだった。

だが……。

最初の躓《つまず》きは、宇宙飛行士候補者に選ばれてすぐにやってきた。

当時すでにNASDAの職員だった私は、宇宙飛行士が所属する「有人宇宙技術部」に異動という形で訓練を受けるはずだった。

「よかったね」

「夢が叶《かな》ったじゃない。頑張れよ」

「みんな、ありがとうございます！」

元の職場の同僚たちが盛大に送別会を開いて、私を送り出してくれた。みんな、私が宇宙飛行士候補者になったことを、わがことのように喜んでくれた。

同僚たちの声援を背に、私は意気揚々と訓練を受けに行くはずだったのだが……。

実はこの時の選抜試験では、本当は二人の候補を採用する予定だった。しかし実際は三名が選抜されてしまった。とはいえ訓練のための予算は、当初の予定の二名分しか確保されていない。

そのため、つくばの宇宙センターで行う座学や基礎体力訓練などは三人で行ったが、ロシアでの水上サバイバル訓練や、飛行機操縦訓練など海外で行う訓練は、年齢がいちばん若くて、その上もともとNASDA職員であった私だけ、次年度の予算が確保できるまで待機となった。その間私は、また元の部署へ出戻ることとなったのである。何とも気まずい思いで、私は元の部署に復活した。そんな出戻り娘の私を、同僚たちは快く迎えてくれた。あの時のみんなの温かい気遣いには、今でも感謝の気持ちでいっぱいである。

この時、正直いって私は若干焦りを感じもした。他の二人が海外で密度の濃い訓練を受けている間、国内に残された私は元の部署の仕事をしながら、予算のかからない基礎体力訓練と語学訓練を一人で黙々と行う。

（どうして、私だけ……）

なんとも理不尽な気がしないでもない。だが、生来の楽天家であり、

「ま、何とかなるさ」

が口癖の私は、

（そうだ、それなら来年の訓練のためにロシア語をがっちり勉強しよう！）

と、気持ちを切り替えた。

後にロシアで訓練を受けたときに、ロシア人スタッフから、

「直子はロシア語、うまいね」

と感心され、思わず心の中でガッツポーズを取ったものである。

◎極限のサバイバル訓練

一年後、満を持した形で私はＩＳＳ搭乗宇宙飛行士候補者の基礎訓練を受けることとなった。

基礎訓練の期間は一年半、約二百三十科目、のべ千六百時間にものぼる。その内容を大別すると、

①宇宙飛行士として必要な工学や宇宙機の概要等に関する知識
②軌道上で実施する宇宙実験に必要なサイエンス関連の知識
③軌道上で実際に操作を行うＩＳＳ／きぼうのシステムの概要
④宇宙飛行士に必要なスキル（一般サバイバル技術、飛行機操縦、スキューバ、語学、体力等）の維持向上を目的とした基礎能力訓練

の四つの分野に分かれる。

ＩＳＳに参加しているのは日本をはじめ、アメリカ、ロシア、カナダ、ヨーロッパ

各国であり、それぞれの国の宇宙機関が自分たちの宇宙飛行士の訓練を行うことが原則である。しかし、各国バラバラのカリキュラムで行うのではなく、それぞれ共通したガイドラインに則《のっと》って訓練を行うのである。

特にこの時点では、私たち三人は「ISS搭乗宇宙飛行士候補者」であった。だから、ISSに行く乗り物として、アメリカのスペースシャトルになるか、ロシアのソユーズになるかは決定しておらず、その両方の訓練を受けなければならなかった。そのため、英語が話せることはもちろん、ロシア語の訓練も英語と同じ二百時間も受けなければならない。

さらに、もしソユーズに乗り込んだ場合、スペースシャトルとちがって地球に帰還するときは、乗組員が乗ったカプセルで降下してこなければならない。

それがさまざまなアクシデントの結果、海上に落下したり、あるいは雪原に落下したりする可能性がないともいえない。その時は、救援隊が来るまでに、搭乗員が自力で生き抜いていかなければならないのである。そのための訓練が、ロシアで行う水上サバイバル訓練および陸上サバイバル訓練なのである。

事実、二〇〇八年四月、米韓《べいかん》両国の女性宇宙飛行士を乗せたソユーズが、予定地点から約四百二十キロはずれた場所に着陸したことがあった。この時は、回収チームが到着するまでに四十五分以上時間がかかった。わずか四十五分だったので、このトラブルは搭乗員にほとんどダメージを与えることはなかったのだが、回収まで数日かかってしまうことも起こりうるのである。

この訓練は文字通りサバイバルのための技術を身につけるために行うもので、極限状態の中、本当にきついトレーニングだった。

◎寒すぎるロシアの大地

ソユーズは三人乗りの宇宙船である。そのためロシアでの陸上サバイバル訓練も、私、古川聡宇宙飛行士、そしてロシア人宇宙飛行士の三名でチームを組んだ。

場所は、モスクワからトラックで北方へ数時間移動した極寒の原野。そこは、見渡す限り雪原と雑木林ばかりの土地である。どんよりと空に垂れ込める雲、吹き荒れる強風。人家の灯《あか》りなどあろうはずもない。

トラックを運転してきたロシア人と日本人のスタッフは、私たち三名と実物大のソユーズカプセルを降ろすと、監視小屋に去っていった。彼らは小屋に戻って暖を取りながら、交替で私たちを観察するのだ。

訓練は二泊三日。救助隊が来るのが三日後という想定だ。

現地に置き去りにされた私たちはまず、実際の宇宙服からソユーズに常備されている防寒着に着替え、サバイバルキットを取り出し、シェルターを作り、焚《た》き火を起こした。

「なんだ？　この寒さは⁉」

私たち三人は、思わず胴震いしながら口々に言った。

防寒着を着ていても一月のロシアは、文字通り凍りつくような寒さだった。顔面は寒いのを通り越して、刺すような痛み。温度計はマイナス二〇度近くを指していたが、風があるので体感温度はさらに下だったと思う。

それでも、日中はまだ何とかなった。森林から切り取ってきた樹木を支柱に使った風除《よ》け用のテント設営（ソユーズのカプセル着陸に使うパラシュートを流用する）、燃料用の薪を用意する、救助の目印づくりなど、身体を動かす作業が連続するからだ。

ちなみに樹木を切る際には、ソユーズ内に常備されている斧《おの》を使う。最先端のテクノロジーを満載した宇宙船に、原始的な道具である斧が積まれているなんて、そのギャップに驚いた。しかしサバイバルの現場で、斧は本当に役に立った。交替で斧を振るい続けたおかげで、気温は氷点下だったにもかかわらず、日中はうっすらと汗すらかいていたほどだった。

しかし、陽が暮れれば環境は一変し、汗を放っておけば、そのまま凍りつくほどの極寒が訪れる。

この時期のロシアは夕方四時くらいには日没となり、翌朝午前九時くらいまで太陽が姿を現してくれない。十七時間もの間、マイナス二〇度以下になる状況で、ひたすら夜明けを待たなければならないのである。

防寒着をがっちりと着用し、昼間に設営した風除けテントに入り、そのまま横になる。もちろん毛布や寝袋といった気の利いたものは、ソユーズの中には搭載されていない。

雪の上に寝転がると、あまりの寒さにまったく眠ることができない。

(さ、寒すぎる……)

想像以上の寒さに、初日の夜、私はとてもではないが、横になっても寝つくことができなかった。

そこで私は寝るのをあきらめ、一晩中火を絶やさないように火の番をすることにした。また、一時間おきに、無線で信号を送る必要もあった。

「寒いね……。何かあったら起こしてね」

二人は心配そうに言いながら、代わる代わる休んでいった。

「大丈夫、大丈夫。安心して、休んで」

実のところ、この寒さに耐えながら横になるよりは、火のそばにいて夜明かしをする方が楽だったのだ。

ある時は一人で、ある時はロシア人宇宙飛行士らとロシア語で語りながら、焚き火の番をしていた夜。周囲は漆黒の闇、時々、鳥か小動物の鳴き声が聞こえてくるばかりだった。

夜明けがこんなにも待ち遠しかったことは、それまでなかった。

◎思わず推薦した日本のカイロ

ようやく二日目の夜には、さすがに疲れたのか、少しばかりうとうとと寝ることができた。

ところが今度は、目を覚ましたとき、あまりの寒さに手足がしびれてしまっていて感覚がなく、しばらくの間動かすことができなかった。

体の末端に神経を集中していると、徐々に感覚が戻ってくる。最初はしびれの感覚。でもまだ動かせない。そのうち痛がゆさとともに、手足を動かせるようになった。でもそれは、何とも気持ちの悪い感覚だった。

食糧は、ソユーズの中にある非常食を食べる。

非常食は通常三日分、用意してある。そして訓練も三日間の想定なのだが、現実にはそれ以上に延びてしまう事態も十分にあり得る。そのため、少しでも長く食べつなぐために、第一日目は水しか口にしてはいけないのだ。

日中はテントを設営したり、休みなしに働いたりするのだが、ふと足を止めると、ぐーっとお腹が鳴る。夜は焚き火の番をしながらちびちびとお湯を飲んで、お腹の足しにした。そのお湯も、トイレに行く回数を減らすため、できるだけ最小限にしていた。

というのも、厳寒の地でトイレに行くのは、これはこれでなかなか厳しい。しかもソユーズのカプセルが人跡未踏の地に着陸したという状況下で、四方を壁で囲まれた通常のトイレで用を足すことなどあるはずもなく、たとえ女性の私でも森林の中の木の陰でするしかない。

そのうえ、防寒着は上下がつながったつなぎである。女性の場合、下着のTシャツ以外、いちいち服を全部脱がなければならない。用を足すときは、まず深呼吸をして、あとはえいやっとばかり気合いで服を脱いで、頑張ってしたものだった。だから、極力水分の摂取を控えめにせざるを得ないのである。

二日目からはようやく、唯一の食糧だった乾パンのような硬いビスケットを食べることが許される。

このビスケットはあくまで非常食で、決しておいしいものではない。しかしこんな過酷な環境下で口にすると、食べられるだけでありがたいと思ってしまう。どんな美食より、おいしいとさえ感じた。

いまでも私はビスケットを食べるたびに、あのサバイバル訓練を思い出す。

寒い上に腹ぺこ。それでも人は生きていかなくてはいけない。

サバイバル訓練でいちばん大切なのは、生き延びようとする気持ちだそうだ。それをあきらめると、死が迫ってくる。

たった三日とはいえ、寝る、食べる、暖を取る、生命を維持する、という最低限のことが、極限の状況ではいかに困難か、そしてそれでも生き抜こうという意志はどこからわいてくるのか、何を拠《よ》り所にして生き抜こうという気持ちを維持するのか、本当に考えさせられる訓練だった。

長かった三日間の訓練が終わり、私たち三人はお互いの身体をロープで結んで凍った湖の上を歩いたり、森林の中を移動したりしながら、監視小屋へ戻った。体に結びつけたロープは、万一、湖の氷が割れたときのための、命綱である。

極寒の屋外から、ようやく監視小屋の中に入ったときは、電気やガスや暖房を発明した人に思わず感謝したいくらい、文明のありがたさを実感した。

室内にいたスタッフも、私たちを拍手で迎えてくれた。

「直子は、見た目より、意外にタフだね」

スタッフの言葉に、私は大きな仕事をやり遂げたという実感がわいてきた。

「どうだった、直子？　冬のロシアの大地で過ごした感想は？」

ロシア人スタッフが声をかけてきた。

「世界に誇る日本の発明品のひとつに、『使い捨てカイロ』というのがあるのよ。ソユーズに搭載するのを、ぜひお勧めするわ」

「カ、カイロ？」

私の言葉にそのロシア人スタッフはキョトンとした顔をしていたが、日本人スタッフは大きくうなずいてくれた。

◎命がけだった水上訓練

二〇〇一年四月からは、基礎訓練終了後のアドバンスト訓練に移行した。

私はこの時点で基礎訓練のうちの一つ、水上サバイバル訓練が終了していなかったのだが、各国の宇宙機関の合意により、古川、星出両宇宙飛行士と同じく次のステップに進むことができたのである。

この水上サバイバル訓練を行ったのは二〇〇一年九月だった。場所はロシア西部、トルコに面した黒海。沿岸には、ロシア随一の保養地であり、二〇一四年に冬季オリンピックが開催されるソチがあることでも知られている。

この訓練の目的は、海上に落下した帰還カプセルから脱出したり、サバイバルキットを使いこなすことなどである。

今回訓練を受けるメンバーは、わたしのほかにロシア人とベルギー人の男性宇宙飛行士だった。私たち三人は、黒海沿岸の拠点からボートで移動し、ソユーズが浮かぶ海上のポイントへ向かった。

訓練の内容は、カプセルの中に三人で入り込み、着ていた宇宙服から防水服に着替える。それから脱出用のハッチを通って、およそ二メートル下の海上に飛び降りる。そして遭難信号を打ち上げ、救助隊が来るまで待つ、というものだった。

ただし、海上に不時着後、カプセル内で火災などが発生して緊急脱出しなければならないケースでは、宇宙服から防水服へ着替えている暇がない。そこで、宇宙服のまま飛び出す訓練も併せて行った。

宇宙服のまま海に飛び込むと沈んでしまうため、特殊な浮き輪を装着してから水に飛び込まなければならない。しかし、浮き輪をカプセル内で膨らませてしまうと、浮き輪が邪魔になってハッチを通れなくなり、カプセルから脱出できなくなるので、水に飛びこむと同時に膨らませる必要がある。

この訓練の時、不運だったのは、船長役を務めた宇宙飛行士だ。彼は浮き輪を膨らます紐《ひも》に手をかけ、海に飛び込んだ。ここまでは問題ない流れだったのだが、誤算だったのは、その浮き輪が膨らまず、浮き輪の役目を果たさなかったことだ。

彼は飛び込んだ直後、海中に沈んでいった。

私ともう一人のクルーはカプセルの中にいて直接見てはいないが、訓練を見守っていた教官やスタッフたちはみんな、宇宙服のまま、海の中に沈んでいく彼の姿を見て、一瞬自分たちが見ている光景が信じられなかったという。

さすがに海中で待機していた数名のダイバーたちは、手慣れた様子で沈んでいく彼を海面に引っ張り上げて、無事に救出し、事なきを得たのであった。

万が一、そのまま事故でも起きようものなら、国家間で進めている宇宙開発プロジェクトに深刻な悪影響を与えたのは間違いない。そう考えるとダイバーをはじめ、サポートスタッフも大変である。

◎海の上で飲むウォッカ

別の日にはこんなこともあった。

海上での訓練最終日。その日、黒海は強風のために大荒れだった。私たちはその日の訓練項目を終了し、岸に戻ろうと二組に分かれ、その第一陣が出発した。だがその輸送ボートのスクリューに異物が絡まり、横波を受けて転覆してしまったのである。

そして、積んでいたカメラを失っただけでなく、スタッフの一人はあばら骨を折る重傷を負ってしまった。

第二陣として残された私たち訓練クルーやスタッフは、大波に翻弄《ほんろう》される母船の上で一泊するはめになった。

夜半になってもまだ波は高い。しかも、もともと訓練終了後はすぐにボートで陸に戻る予定になっていたので、非常用の食糧、水は最低限しか母船には積んでいない。

（第一陣のみんなはどうしているのかな……。輸送ボートは修理できるのかな……）

と考えていると、ロシア人スタッフが、

「なあ直子、ちょっとおいで」

といって、母船のスタッフ待合室に呼んでくれた。そしてそこには、なんとパンと塩と魚の塩漬け、そしてウォッカがあった。パンと塩は、ロシアにおける伝統的な歓迎のおもてなしである。

「スパシーバ！」

思わず私は、ロシア語でありがとうといった。

アルコール度数の高いウォッカはとても強かったが、黒海の海上でスタッフみんなと飲んだその味は、今でも忘れられない。

第三章　突然襲ってきた不幸

◎つかの間の幸せな日々

二〇〇一年九月のロシアでの水上サバイバル訓練を終えて、私は九月十九日をもって基礎訓練を修了。そして九月二十六日に、晴れて私はＩＳＳ搭乗宇宙飛行士に正式に認定された。

「宇宙から地球を見たら、国境なんてありません。そんな大きな視点で地球を見つめ、多くの人にいろいろなことを伝えていきたい」

認定式後の記者会見の席上、私はこのように抱負を語った。宇宙に飛び出すという自分の夢に向かって、まずは大きな一歩を踏み出すことができた。

その約一年前の二〇〇〇年十二月に、私は山崎大地《たいち》と結婚した。

彼と初めて出会ったのは一九九八年四月、ＮＡＳＤＡの筑波宇宙センターで行われたシンポジウムの席上で、私がまだＩＳＳ宇宙飛行士候補者になる前だった。とはいっても、会話をしたわけではないのでよく覚えていない。

彼は人工衛星の制御ソフトなどをつくる民間企業に勤務しており、宇宙センターで仕事をしていた。彼の夢はＩＳＳの運用管制官になることで、そのためにＩＳＳの運用手順書や運用ルール作りをしていた。

初めての出会いから約一年後、私が宇宙飛行士候補者になった後に再び出会った。そのときに彼が言ったのは、

「僕の夢はＩＳＳの運用管制官になることなんです。もし僕が管制官になれたら、管制室から宇宙にいるあなたにプロポーズするから、受け取ってくださいね」

この時はまだ、ロマンティックな冗談としてしか捉《とら》えていなかった。

私はアメリカ・ヒューストンのジョンソン宇宙センターでも訓練を受けていたのだが、その時彼も偶然、ＮＡＳＡに運用管制官の訓練のため長期出張で来ていた。

それらを機会に、スピード結婚となったのだった。

今ふり返っても、あれから二〇〇二年八月に長女の優希《ゆうき》が生まれた頃までの二年間くらいは、本当に楽しくて幸せな毎日だった。

私たち二人は、筑波宇宙センター近くの社宅に住んでいた。

かなり古いアパートで、改修が進んでいない私たちの部屋には、洗濯機を取り付ける排水溝すらなかった。それまでも少しずつ直していたのだが、結婚してからは、日

曜大工が得意な彼は、自分でペンキを塗ったりしてオリジナルな部屋に変身させては面白がっていた。

ロシアでの水上サバイバル訓練の時は、黒海での訓練終了日の翌日がちょうど彼の誕生日と重なっていて、彼がわざわざロシアまで来てくれて、スタッフのみんなとバースディ及び訓練終了を祝ったものだった。

私は訓練のため、アメリカやロシアにしょっちゅう出張していたのだが、サプライズ好きの彼は、内緒でヒューストンにまでやってきて、私や周りをビックリさせたこともあった。

そんな彼の思いきった行動力が、いつも私を驚かせ、そして楽しませていた。

宇宙飛行士候補者試験の面接の時、

「将来、お子さんは欲しいですか？」

と面接官に聞かれて、

「はい。子どもを背負いながら、訓練を続けていきます」

と答えたくらい、私は宇宙飛行士も子どもも、どちらも必要と考えていた。

正式に宇宙飛行士に認定されたあと、子どもを持つなら今がいいタイミングだろうと、迷いながらも思った。そして妊娠、娘の優希を出産した。

子どもが産まれて私は、命の神秘に感動するばかりだった。ちょっと訓練の一線からは離れてしまうけど、また気を入れ直して頑張っていこう……。

そう思っていた矢先に、あの事故が起きたのである。

◎運命を変えた大惨事

ヒューストン郊外にあるジョンソン宇宙センターの近くに、「フレンチーズ」というイタリアン・レストランがある。ここはNASAの宇宙飛行士たちやスタッフたちの行きつけの店で、気のいいオーナーのフランキーがつくるビッグサイズのパスタを、私もよく食べに行く。

この店の壁という壁には、歴代の宇宙飛行士たちの写真がところかまわず貼ってある。大量の写真があふれているその店内は、ちょっとした小さな博物館といった様相で、なかなかの壮観だ。その中に二つほど、一目で他の宇宙飛行士たちの写真と扱いが違うコーナーがある。

それは、一つはチャレンジャー号の犠牲者たち、もう一つはコロンビア号の事故の犠牲者たちのコーナーだ。

コロンビア号の空中分解事故とは、二〇〇三年二月一日午前九時十六分、スペースシャトル・コロンビア号が宇宙での任務を終え、地球への帰還のために大気圏へ再突入後、テキサス州上空で空中分解し、リック・D・ハズバンド船長以下七名の搭乗員全員が死亡した大惨事のことである。

この事故では、私も実際に知っている宇宙飛行士たちが犠牲になり、大きなショックを受けた。当時、私は育児休暇中だった。娘を両親に預け、NASAでの追悼式に参加するために夫と二人でヒューストンに駆けつけた。

コロンビア号の事故調査委員会（Columbia Accident Investigation Board, CAIB）はNASAに対し、技術および組織的運営の両面における改善を勧告した。この事故以降、スペースシャトルの飛行計画は、チャレンジャー号爆発事故の時と同様に停滞を余儀なくされることになる。

アメリカは、宇宙へ行く手段を一時的に失い、そのため、ISSの建設作業もいったん停止されることになった。その間、物資や飛行士の輸送は、ロシアのプログレス補給船とソユーズに頼らざるをえないのだ。

この事故以降、再びスペースシャトルが宇宙を目指すのは、二〇〇五年七月二十六日のディスカバリー号によるＳＴＳ—１１４ミッションまで、二年以上も待たなければならなかった。

野口聡一宇宙飛行士は、コロンビア号帰還の約一か月後となる二〇〇三年三月にＳＴＳ—１１４ミッションで初フライトを予定していた。しかしＮＡＳＡは、野口宇宙飛行士が搭乗するスペースシャトルの打ち上げを一時保留し、国家の威信をかけて空中分解事故原因の究明に全力を注ぐこととなった。野口宇宙飛行士自身も、森林地帯でのコロンビア号の破片探索に一部参加した。

結局、野口宇宙飛行士の初フライトは二〇〇五年七月二十六日。二年四か月も遅れ、ミッションの内容も大幅に変わったのである。

そして、野口宇宙飛行士だけでなく、私自身の運命にもコロンビア号の空中分解事故は大きな影響を与えたのだ。

その影響は、「公」の部分だけではなく、「私」の部分にも大きな影を投げかけたのである。

◎ISS滞在からスペースシャトル、ソユーズ搭乗へ

前述したように、古川聡宇宙飛行士、星出彰彦宇宙飛行士、そして私の三人は、「ISS長期滞在専門の宇宙飛行士」であった。

だからスペースシャトルの運航に携わる任務はなく、訓練の拠点はあくまで日本で、その時々の訓練の内容によってアメリカやロシアへ「出張」することになっていた。

しかしコロンビア号の空中分解事故が、このプログラムの見直しを迫ることになる。まずISS建設計画が先行き不透明になった。「ISS長期滞在専門の宇宙飛行士」が行くべき「職場」の完成が、いつになるか先行きの見えない状態になってしまったのだ。

さらに、これまでのスペースシャトル搭乗の日本人宇宙飛行士は、すぐNASAへ派遣され、ヒューストンで訓練を受けていたのだが、私たち三人も同じようにした方が効率的で、フライトの可能性も高まるのではないか、という議論が巻き起こってきた。

平たくいえば、たとえ大惨事のため宇宙開発計画が頓挫《とんざ》しているとはいっても、国

家プロジェクトとして訓練を受けている宇宙飛行士をじっとさせておくわけにもいかない、ということなのである。

そこでNASDAは、私たち三人を、ロシアのソユーズにも搭乗して任務を遂行できるよう、ソユーズのフライト資格も取得させるという新たな方針を打ち出した。そして後には、スペースシャトルに搭乗して運航任務が行える資格も取ろうということになったのである。

ISS搭乗だけでなく、ソユーズ搭乗、スペースシャトル搭乗と三種類も資格を持っていれば、選択肢は三倍に拡大し、その分、従事できるミッションの種類も広がる、だから宇宙に行くチャンスも増える、というわけだ。

NASDAの新しい方針を聞いて、

「私たちって、資格マニアですよね」

こんな冗談を仲間と交わしたことを覚えている。これらの三つの資格をすべて取得するのは、私たち三人が初めてであった。

この時私は、いろいろな宇宙船の訓練を受けることができるのを、ただうれしく思っていた。

ヒューストンに移って訓練を受けるということが、いったいどのような事態を引き起こすのか、予想すらもしなかったのである。

◎ロシアへ

私と夫は、いったいどこでボタンを掛け違えてしまったのだろうか……。

日本をベースに訓練を受けていたときは、夫と娘とこのまま日本に暮らし、子育てをしながら訓練を受け、やがて何かのミッションに選ばれて宇宙に飛び出す……、そんな将来像を描いていた。

ところが訓練の方針が転換し、私がロシア、アメリカに長期滞在することになり、家族も翻弄《ほんろう》されることになる。

私たち夫婦は、夫が三か月の育児休暇を取り、引き続き私が三か月の育児休暇を取り、その後は生後八か月の娘を保育園に入園させて、家庭と子育て、そしてそれぞれの仕事を両立させていた。

ところが二〇〇三年七月より三か月間、私が訓練のためロシアへ行くことになった。生後十一か月の娘を置いて、単身ロシアに行くことには不安もあったが、

「大丈夫、まかせておいてくれ」

と力強く言った夫の言葉に勇気づけられ、私はロシアへと向かった。

その間、夫と娘は「父子家庭」状態になった。

私がロシアで訓練を受けている間、夫は自分の仕事、育児、さらには認知症を患った義父と体が弱った義母の介護と、超多忙な毎日を過ごしていた。

そんな夫が、娘が一歳になる直前に、突然ロシアにやってきた。それもまだ幼い娘を連れて……。

この時は、北の地で、三人一緒に娘の誕生日を祝おうという彼の気持ちが、心底うれしかった。

しかし、ロシアからいったん帰国した頃から、私たちの間には少しずつ軋《きし》みが生じ始めていた。

私は、二〇〇四年一月に再び訓練のためにロシアに派遣。その間、夫が献身的に介護していた義父が危篤状態となっていた。

宇宙飛行士の訓練は、単独で行うものではない。教官、スタッフ、さまざまな人々が訓練にかかわる。たとえ一人が抜けても、訓練は成り立たない。

この時、訓練の真っ最中だった私は、完全に仕事と家庭の板挟みになってしまった。もし急いで帰国すれば、私たちの訓練は一時ストップし、計画変更などで関係者に多大な迷惑がかかってしまう。他の人に訓練をかわってもらうこともできない。しかし実際に義父は危篤状態にある。

(いったい私は、どうすればいいのか……)

悩みに悩み抜いた末、私は周囲の協力も得て、訓練を数日だけ繰り上げて、一時帰国した。結局、義父の死に目には会えなかったが、お葬式には出席することができた。

◎アメリカ生活のジレンマ

さらに私たちの拠点が定まらない生活が長く続く。

二〇〇四年五月、日本人として初めてソユーズTMA宇宙船フライトエンジニアの資格を取得した私たちは、ロシアから帰国したわずか十日後、今度はスペースシャトルのミッションスペシャリストの資格を取るために最低二年間、ヒューストンへ派遣されることになる。

私のロシア滞在中に、私の長期海外滞在で父子家庭となることを余儀なくされ、親の介護も重なって心身ともに消耗した夫は、アメリカ行きの前に、ついに会社に辞表を出した。

「運用管制官になるのが夢なんだ」

とプロポーズの時に、目を輝かせながら語った夫が、その夢を一時中断したのである。

ロシアでの訓練中は夫に負担ばかりかけていたから、今度のアメリカでの暮らしは私が娘をきちんと看《み》る、と固く決意していた矢先だった。

夫は、

「片親家庭は大変だし、家族はみんな一緒にいた方がいい」

といい、結局ヒューストンで、一家三人で暮らすこととなったのである。

夫のアメリカ生活は、いきなり障害にぶち当たる。

実は、私のアメリカでのビザは政府外交官用のビザであり、夫はその配偶者のビザだった。そして政府外交官の配偶者がアメリカで働きたいとき、その手続きがあるのだが、会社としては申請できないという判断だった。

そのため就労許可が下りないので、夫は「ソーシャルセキュリティナンバー」を取得することができなかった。これがなければ、アメリカでは銀行口座の開設はおろか、携帯電話一台すら買うことができない。

そのため、アメリカで仕事をするどころか、大人としてはまったく認めてもらえない状態となる。

娘がヒューストンの学校に通い始め、落ち着いたら宇宙関連の仕事に就いて、断念したISS運用管制官になるという夢を追いかけようという夫の希望は、脆《もろ》くもくじかれてしまった。

八方ふさがりの状況の中、夫は躁《そう》とうつの状態を繰り返すようになっていった。そしてその後、一人で日本に戻った夫とは、離婚調停をしなければならないほどの修復しがたい状態になるのである。

◎「楽しさ」を見失っていた日々

私の父は陸上自衛隊に勤務しており、私は子どもの頃から、

「仕事はチームでやるものである。チームで取り組み、目標をクリアした時に初めて、

個人としても素晴らしい達成感を味わうことができる」

と言われて育ってきた。

組織とチームワークを重んずる家庭環境に育ってきた私は、チームの一員となって目標をクリアすることに喜びを見出《みいだ》す体質が育まれてきたと思う。

宇宙飛行士の仕事は日本の国家プロジェクトであり、同時にアメリカ、カナダ、ロシアなど国際的なプロジェクトに組み込まれてもいる。すべてがチームワークである。まさに、私の肌に合った仕事といえるだろう。

一方夫は、民間企業で働いており、あくまで民間の文化、発想で動いていた。

夫は何度も私にこう言った。

「宇宙飛行士も他の仕事にも優劣はない。同じように扱われるべきだ。そして、家族や個人が尊重されずして、いい組織はできない」

異なる考えから学ぶことは確かに多い。視野を広げてくれる。ただ私は、国家プロジェクトと夫の板挟みになっていた。

宇宙飛行士はいわば「公人」である。厳密には、それ以前に一介のサラリーマンである。私はＪＡＸＡ有人宇宙技術部の一職員に過ぎない。

確かに脚光を浴びるポジションではある。だが立場としては、あくまで組織を構成する一部署の一員なのだ。

このときの私は、中間管理職のような状態とでもいうのだろうか。組織の立場、夫の立場、私の立場、それぞれ異なる立場をどう折り合いをつけていったらいいのか。頭を悩ます日々が続いた。


もともと、宇宙飛行士を目指して選抜試験に挑戦した頃は、

「宇宙から地球を眺めてみたい。宇宙で働きたい」

といったシンプルな夢を抱いていた。そして、候補者に選抜されてからの当初の三年間、日本をベースに訓練を受けていた頃は、忙しいながらも、いわゆる共働き家庭として毎日をやりくりした。

だがあのコロンビア号の事故を機に、家族の環境が極限状態になると、今まで気にしないでもよかったことが浮き彫りになってきた。

それでも訓練は楽しかった。ロシアのソユーズについて学ぶことも、アメリカのスペースシャトルの運航資格を取ることも、T—38ジェット練習機での訓練をすることも(これはミッションスペシャリストとしての醍醐味《だいごみ》である)、船外活動の訓練も。

使命感、常に評価を受けるプレッシャーはあるが、訓練をしているときは集中できて、それが私にとっては救いだった。

◎「腹をくくる」ということ

大変な状況の中でどう心を保っていたのか？

よくみんなに聞かれる質問だが、これといった特効薬はなかった、というのが正直なところである。

アメリカに渡ってから数年、夫の辛《つら》さを改善しようと、板挟みになりながら私は私なりに最大限努力したといえる。夫のアメリカでの生活の意義を大切にしようと、アメリカでしかできないハウスボートを購入できるように手続きをしたり、彼が就労できるよう環境を整えようと、弁護士と相談しながらグリーンカードの申請手続きもした。まだまだ不十分だったのかもしれないが、母子家庭状態だった期間もかなりあり、訓練とそれらの手続きと子育てをしていたときは、もちろん周囲の力を借りながらではあるが、夫との関係を修復したいという一心で、極限状態まで頑張ったと自分では思っている。

だから、夫が日本に滞在している間に離婚調停を申請したとき、私は離婚を決意した。もう精一杯頑張った、もうこれ以上やってはいけない……、そう判断した。そして調停でもそう発言した。

離婚調停は、必ずしも離婚をすることだけが目的ではない。逆に円満解決をするまでの、第三者（調停員）を入れた話し合いの場としても利用できる。調停員は中立の立場で話を聞いてくれて、それが夫にとっても、宇宙飛行士ばかりが優先されるという日頃持っている不満を解消してくれたと思う。

しかし、解決策は当然のことながら提示されず、それは私たちが自ら探していかなければならなかった。

このどん底の状態を経たのが「腹をくくる」という感覚を得たことだったかもしれない。

いろいろな問題はすべて自分に責任がある。そう思うと、気持ちが楽になったし、事態を客観的に見られるようになった。

結局、調停中、娘の誕生日の直前、夫からどうしていいかわからないと電話がかかってきた。それならきちんと二人で話そうと、夫の渡米チケットを用意し、娘の五歳の誕生日を三人で祝った。そして時間をかけて二人で話し合いをした。

私はもう、腹をくくっていた。仕事のことも、彼の辛い立場も、娘のこともいろいろ考えた。世の中の最大の壁は自分の感情である、と書いてあるのをどこかで読んだことがある。その通りだと思った。腹をくくるということは、その感情の壁を越えることなのかもしれない。

三十代の働き盛りに自ら職を手放すということは、とてつもない辛さなのだと思う。辛い訓練は何ですか、と私はよく訊《き》かれるが、一番辛いのはサバイバル訓練ではない。訓練したくても事故や諸々の事情で訓練できないときだった。訓練はどんなに厳しいものでも、できているときは幸せだった。だから、自ら手放す決断をする、ということは勇気がいることだった思う。そして、その後思うように進まなくても、自分で決めたことだからというジレンマもあり、葛藤《かっとう》するしかない。時に、やり続けることよりも、止まることの方が大変なのかもしれない。そんな夫の気持ちに真摯《しんし》に耳を傾け、夫の決断に敬意を払おうと思った。

その後も一筋縄ではいかなかったが、そうやってお互いに壁を越えていった結果が、夫と娘と共にミッションをやりとげた今につながっている。何が正解かは分からないが、当たり前のような一日一日に感謝せずにはいられない。

私には「ママさん宇宙飛行士」というキャッチフレーズがつけられることが少なくない。

事実、子どものいる日本人女性宇宙飛行士は、これまでで初めてのケースである。だが、私は違和感を持つのである。

なぜならば、辛い環境の中、夫は精一杯サポートしようとしてくれたのだから。訓練中、私が長期の出張に行くとき、夫は日本から駆けつけてくれた。それはまぎれもない事実である。この日常の日々がかけがえもなく貴重であり、宇宙での任務を行う上で、夫と娘の存在が大きな励みであった。

さらに、いつでも困ったとき娘の面倒を見てくれて、全面的にサポートしてくれた両親もいる。それはどんなに大きな支えだったか。介護施設で頑張っている義母もいる。親身に相談に乗ってくれた友人もたくさんいる。私たちの家族の状況を理解しようとしてくれた職場の人々もいる。

これらの周囲のサポートがあってこそ、私はママを続けることができるのだと、そう思っている。

第四章　ヒューストンでの訓練漬けの日々

◎ロシア「星の街」での訓練

コロンビア号の事故以降、私生活では厳しい日々を送っていたが、一方訓練の方は、これまで以上にバラエティに富み、充実したトレーニングを各地で積むようになる。ソユーズ、スペースシャトル、ISSと三種類のフライト資格を取得することになった私の日常は、以前にも増して多忙となった。

私はまず二〇〇三年七月から翌年五月まで、三回にわけて計七か月、ソユーズのフライトエンジニア資格取得のため、古川宇宙飛行士、星出宇宙飛行士とともにロシアの「星の街」に滞在して訓練を受けた。ただソユーズに搭乗するだけでなく、運航をつかさどるための資格取得。これは日本人として初めてのことであった。

ちょっと寄り道になるが、ここで私が訓練を受けた「ソユーズ」とは、どんな宇宙船なのか説明しておこう。

ソユーズはもともと、大陸間弾道ミサイル（ICBM）として一九五〇年代にソ連が開発した。その後宇宙開発に技術が転用され、五七年に人工衛星・スプートニク一号を世界初の地球周回軌道に乗せた。その後ソ連およびロシアの有人宇宙船として、現役で活躍している。

アメリカのスペースシャトルは七人乗り、約二十トンの荷物を運び、一機あたりの製造コストが二千億円、打ち上げ一回あたり数百億円かかる。よくNASAに搭乗費を払っているのかと聞かれるが、ミッションスペシャリストの場合、他国の国籍であれ、スペースシャトルの運航の仕事に一緒に携っているので、訓練費以外の費用を支払うことはない。一方、三人乗りのソユーズの打ち上げ費は実質四十億～七十億円といわれている。ただし一回のみの使用であり、ISSへの宇宙飛行士の輸送手段を確保するために、NASAは一席あたり現在約五十億円をロシアに支払っている。

実はソユーズは、ISSに常時一基から二基備えられている。これは、何らかの災害や深刻なトラブルが発生したり、宇宙飛行士が病に襲われたりしていったん地球に帰還しなければならなくなった場合に使用する、いわば「救命ボート」である。ただし燃料などの関係で、ソユーズの「賞味期限」はおよそ六か月であり、そのためそれにあわせて宇宙飛行士も最長六か月ごとに交代している。

なお、スペースシャトルは二〇一一年初頭ですべてが退役することが決定しており、これからしばらくはISSに移動するには、ソユーズを使用するしかない。

またソユーズは安全性の面でもひじょうに優れており、過去四十三年間、百七回の飛行のうち、死亡事故が発生したのは初期の頃の二回。ここ三十九年間は無事故である。

悪天候の中の打ち上げに対応できることでも有名で、打ち上げ見学者を乗せた飛行機が着陸できないほどの荒天の中、ソユーズが予定通りに宇宙へ飛んでいったというエピソードが残っている。

ロシアの「星の街」は、モスクワの北東二十五キロ、シチョルコヴォ近郊に位置する。ソビエト時代には、厳重に警備され隔離されていた。一九六〇年代から多くの宇宙飛行士が、「星の街」にあるガガーリン宇宙飛行士訓練センター（GCTC）で訓練を受けている。

ここで私は、六か月、計八百二十五時間の訓練を受けた。訓練はロシア語、ソユーズの基本システムの講座から、操縦訓練や水中での船外活動訓練など実地訓練まで、かなり濃密な時を過ごした。

日本やNASAとも違う、生き字引のような先生が黒板に書くことをノートに写し取っていく、また口頭試問がしょっちゅう行われるロシア独特の訓練方法も新鮮で刺激的だった。

◎日本人宇宙飛行士最大の弱点、英語

ソユーズの資格が取れたので、今度はスペースシャトルである。

厳しい訓練に耐え、二〇〇四年五月にソユーズTMA宇宙船フライトエンジニア資格を取得した私は、帰国して十日後、今度はNASAが行うスペースシャトルのミッションスペシャリスト（MS）資格を取得するため、古川、星出両宇宙飛行士とともにヒューストンに向かった。

ヒューストンでは、マーキュリー宇宙船のオリジナル7の宇宙飛行士から数えて第十九期生のクラスに入った。このクラスでは、日本人を含めて十四人で訓練を受けることになる。

この訓練コースを経て、NASAから宇宙飛行士として認定されると、日本人でもNASAの宇宙飛行士と同等の仕事を行うことになる。

ちなみに、軌道上で専門的な実験を行うペイロードスペシャリスト（PS）の訓練は、このコースとは異なる。そのミッションに特化した期間、専門的な訓練を行うか

らだ。それぞれに、それぞれの訓練の大変さ、面白さがあるが、ミッションスペシャリストの場合、NASAの飛行士の一員として働くことになるため、必要な海外訓練時以外は、ヒューストンを一か月以上離れると搭乗割当機会に影響してしまうのである。この制約は、アメリカ在住でない宇宙飛行士にとってはかなり厳しいものである。実際、これまでに女性でアメリカ国籍でないミッションスペシャリストは、カナダ人のジュリー・パイエット宇宙飛行士と私の二人のみである。

ところで、当たり前のことだがヒューストンでの訓練、および実際のスペースシャトル内での作業や会話は、英語が使われる。これがモスクワでの訓練やソユーズの中だったらロシア語になる。

だから宇宙飛行士になるには英語は必須《ひっす》で、宇宙飛行士候補者募集要項の応募条件にも、

国際的な宇宙飛行チームの一員として訓練を行い、円滑な意思の疎通が図れる英語能力を有すること。

とあり、面接でも英語で質疑応答をしたりする。

ただ、これには英検の何級とか、TOEICで何点以上といった明確なラインはない。

ちなみに私は、英検準一級を取得しており、大学のサークルは English Speaking Society（ESS）演劇部門に所属するなど、英語は好きだった。

ところが大学院でアメリカに留学中、カフェに入ったとき、「バニラ」のアイスクリームをオーダーしたのに「バナナ？」と聞き返されたときにはがっくりきた。また、「ホットティー」を頼んだのに「ホットケーキ」が出てきた時は、注文を訂正する気力もなく、泣く泣くホットケーキを食べたこともある。

それ以来、本気で英語を勉強しなければ、と思った。

日本人が考えているカタカナ英語と、実際のネイティヴの生きた英語とは、雲泥の差がある。

私の名前は「直子」なので、英語では、

「ナオコ」

と発音すると思いきや、彼らはどういうわけか、

「ナヨコ」

と発音する。

わざわざ日本からヒューストンまで私を訪ねてきてくれたメディア関係者の方が、ジョンソン宇宙センターの受付で、

「日本人女性宇宙飛行士のナオコ・ヤマザキさんに会いに来た」

といくら説明しても、

「そんな人間は、ここにはいない」

の一点張りで、途方に暮れた、ということもあったようだ。

日本人の英語は、試験ではよい点を取っても、実用となると、その発音はおぼつかないものがある。私以外の日本人宇宙飛行士も、みんな一様に苦労していた。

野口聡一宇宙飛行士は、飛行機の中にテープレコーダーを持ち込んで、交信を全部録音して後で聞き直したり、トランシーバーで無線を聞いたりして自主訓練を行ったそうだ。またドイツ人の奥さんがいらっしゃる若田光一宇宙飛行士も、訓練クラスの初日に記者から英語でインタビューを受けたときには、さすがに辛《つら》いと感じたそうだ。

◎日本人宇宙飛行士の母、レニータ

だから私たち日本人宇宙飛行士は、通常のジョンソン宇宙センターで行われる訓練の他に、自主的に英語の勉強をしなければならない。そんな私たちの心強い味方が、英語教師のレニータだった。日本人宇宙飛行士は、ヒューストン時代にほとんどの人が彼女のお世話になったのではないだろうか。

数多《あまた》いる英語教師の中で、レニータのどこが優れているのか。彼女は、日本人を相手にして長いキャリアを積んでいるだけに、日本人の英語のウィークポイントをしっかり心得ていたのである。犯しやすいミスを指摘され、発音をことごとくチェックされた。

私は週に一回一時間のクラスを数年間続けたが、授業を受けるたびに、

（自分がいままでしゃべっていた英語は、いったい何だったのだろう？）

と自問せざるを得ないほど、レニータ・メソッドから得たものは大きかった。

まさにレニータは、「日本人宇宙飛行士の母」といっても過言ではない存在だと思う。

苦労して今では私も、日常会話はもちろん、ミッション中も同僚の宇宙飛行士たちと会話を交わしたり、指令をやりとりしたりするのに英語の不便を感じないくらいにまでなった。

だが、やはり子どもの能力はすごい。娘はヒューストンに初めてやって来たときはまだ二歳で、言葉がわからないので保育園に行きたくないと泣いたりしていたが、半年もするとあっという間に慣れてしまった。

アメリカの学校の友達とは、まるでネイティヴのように会話しているし、友達の名前を私が言うと、

「そうじゃないよ。ママの言い方、ヘン！」

と、ダメ出しをすることもある。

◎宇宙飛行士は乗り物酔いに強いか

NASAで行ったミッションスペシャリスト（MS）候補者訓練（通称：アスキャン＝ASCAN、AStronaut CANdidate）も、「星の街」に勝るとも劣らぬ思い出深

い訓練だ。

訓練の内容は主に、基礎訓練、飛行訓練、スペースシャトルシステム訓練、国際宇宙ステーションシステム訓練などで構成されている。

なかでも「座学」は、科目だけでも約二百三十。航空宇宙科学概論、電気・電子工学概論、宇宙科学概論、地球観測・宇宙観測、ライフサイエンス、計算機概論といった学科から、航空工学、航空力学、天文学、地理、宇宙物理学、医学、気象学、地質学、岩石学など、実に多様な専門分野も学ぶのだ。

大学の講義室のような教室で行われ、筆記、実技試験を受け、合格すれば次のステップへ進むことができるが、不合格なら補習、追試を受けなければならない。まさに学生時代並みに、毎日の予習復習に追いまくられた。


ところで宇宙飛行士と言えば、宇宙酔いに耐えられるよう、椅子にすわってぐるぐる回る試験を受ける……といった訓練を行うと信じている人も多いだろう。確かに、宇宙に行くと七十パーセントくらいの人が宇宙酔いになるといわれている。

そして、回転椅子でぐるぐる回して、あえて乗り物酔いの状態をつくって慣れさせるとか、回転椅子に座らせてぐるぐる回しながら、さらにその間に頭を前後に振らせて強制的に酔いを起こさせて、それに耐えさせるという、拷問のような訓練とか、ほとんど都市伝説に近い領域の話ではあるが、確かにかつてはこの訓練が、本当に行われていたという話を私も聞いたことがある。

なかには、こうした過酷な訓練をしても比較的酔いづらい人がいたそうで、そうした資質を持つ人は宇宙飛行士としての適性が高いとも考えられていたそうだ。

確かに今でも、宇宙服のままプールに入ったり、飛行機の急上昇・急降下といった訓練は行われている。だがさすがに、回転を伴う訓練自体、効果があまり期待できないと認識されるようになり、NASAでは行われなくなってしまった。実際私も、データ取り以外では受けたことはない。

そもそも乗り物酔いになりやすいと宇宙飛行士になれない、ということはない。

現に私は、子どもの頃は乗り物酔いになりやすかった。私が宇宙に飛び立つ直前、メディアからインタビューを受けた私の両親がそのエピソードを披露して、記者の人たちが驚いたという話をあとから聞いたが、実際に宇宙に行ったとき、私はまったく宇宙酔いにならず、クルーの中でもなぜかひときわ元気であり、帰還後の式典で、アレン・ポインデクスター船長が、

「Naoko was born to fly to space.（直子は宇宙に飛ぶために生まれた）」

といったくらいである。

乗り物酔いと宇宙酔いに相関関係はないといわれているが、はからずもそれを私が実証した形になった。

特殊な宇宙酔い止め薬もあるが、個人差もあり、今もこれという決定的な対策は開発されていないのが現状である。宇宙酔いのシステムは、まだはっきりとは解明されておらず、将来の宇宙旅行時代を考えると、これからの研究課題であるといえる。

◎愛しの訓練機T—38

NASAで行われた訓練のなかでも、私が大好きなのが、T—38ジェット練習機を使った訓練である。

T—38は、一九六〇年代からアメリカ空軍に導入されている、戦闘機パイロット養成用の二人乗りジェット機だ。音速を超える優れた性能、美しい機体デザインは、最新の戦闘機にも見劣りしないと私は思っている。

ジョンソン宇宙センター隣にある見学施設の正門ゲート前には、本物のT—38が展示されているのだが、そのスリムで流線型をした機体は、いつ見ても本当にかっこいい。

T—38の飛行訓練は、最初の二年間は年間百時間、三年目からは年間四十八時間以上の飛行が義務づけられている。

通常は、行き帰りで計一・三時間くらいのフライトで、私は最初の一年間でトータル八十回くらい空を飛んだ計算だ。

飛行時間は離陸してから着陸するまでの時間しかカウントされない。出発前は機体チェックなども行うので、ほぼ半日がかりの訓練となる。

それにしても、宇宙飛行士が、なぜ、ジェット戦闘機で訓練を受けるのか。その理由は、主に二つある。

ひとつは、T—38が前部と後部座席に一人ずつ、二人乗りで、チームワークで飛行を行う乗り物だという点にある。ミッションスペシャリスト資格取得のためにT—38に乗っていた私は、後部座席に座る。

宇宙でスペースシャトルを運用する際、通常誰かとペアを組んで行う。T—38でも、操縦する人、ナビゲーションする人と、役割を交互に替えてペアで作業する。

T—38で飛行中に行う訓練は、多様である。常に計器をチェックしつつ、地上と交信し、前部座席のパイロットと無線でコミュニケーションするなど、同時にいろいろ仕事をしなければならない。これは「マルチタスク」と呼ばれている。宇宙空間でも、同時に多様な作業を複数のクルーと共に進めなければならないため、その意味でT―38の飛行訓練は、格好の訓練になる。しかも一歩間違えれば事故につながる。訓練施設内の模擬訓練ではなく、自分だけが頼りの実地訓練なのだ。

スペースシャトルの退役後も、T―38訓練が存続してほしいものだ。

◎空を駆け抜ける快感

T―38訓練で、もっとも印象的なのは、やはり速度が音速を超える瞬間だった。ジャンボ旅客機の巡航速度は、マッハ〇・八〜〇・九程度で、時速になおすと千〜千百キロ。T―38も普段は同じくらいの速度で巡航する。しかし音速を超えて飛んだこともある。コックピットの中は驚くくらいに静かだったが、計器を見たらいつの間にか音速を超えており、あまりにスムーズなのに驚いた。

体感速度もさることながら、あの、空の青と雲の白、眼下に見えるさまざまな地形のコントラストが続く絶景と爽快感《そうかいかん》はT―38でしか味わえない。スペースシャトルや

ＩＳＳからの眺めとはまた違う、美しい風景をＴ―38から味わうことができる。

地上が悪天候でも、雲海の上に出れば、煌《きらめ》く太陽と真っ青な空が出迎えてくれる。夕方のフライトならこの世のものとは思えないほど空を赤く染め抜く夕焼け、そして夜間ランディングの際は、ジョンソン宇宙センターがある全米第四の規模を誇る大都市、ヒューストンの煌くイルミネーションが見える。

ヒューストンは、アメリカ南部テキサス州の都市で、四月から十月の間は、ほぼ毎日気温三十度以上、四十度を超える日もあるという土地だ。

もちろん上空を飛んでいる間は暑さは感じないが、低空を飛んでいる間は、ほとんどサウナ状態。エアコンもあるにはあるが、低空ではほとんど機能しないため、汗だくになる。

そんな過酷な環境下にあるのだが、それでも私はＴ―38訓練が大好きだ。

◎書かされた「遺書」

「地球で練習していると思うな。いつも宇宙にいると思え」

「練習は本番のつもりでやれ。そして宇宙に行ったら、練習のつもりでやれ」

ＮＡＳＡの教官に何度も言われた言葉である。

宇宙空間に行けるのは、一度のミッションで一度きり。そのための訓練は、地球上の模擬施設や擬似空間で行われる。本当の宇宙は、行ってみなければわからないのだ。

その点、Ｔ―38訓練はかなり実際の宇宙に近い、リアルな環境にあるといえる。音速に近い速さで移動しながら、刻々と変わりゆく事態に対応して瞬時に判断を迫られる状況は、スペースシャトルと同様である。また、飛行訓練中にミスをすれば、たちまち墜落して死亡するというリスクと隣り合わせということも、まったく同じである。

だからこの訓練が始まるとき、私たち第十九期生のクラス全員は、ＮＡＳＡの指示で「遺書」ともいえる書類を書かされた。

夫と娘をはじめとする家族の連絡先、持っている財産の一覧、加入している生命保険の一覧、銀行口座、さらに悲嘆にくれている家族のケアをお願いする同期の仲間二名の名前を書き込むのである。

書き終わったあとは封をして回収され、ＮＡＳＡの手で保管される。

これが開封されるのは、どんな時か。自分たちの行っている訓練が、単なる練習ではないことを、否《いや》が応でも思い知らされるのが、この遺書を書いたときだった。

◎映画のような緊急時適応訓練のシナリオ

T—38訓練はさまざまな危険が伴う。そのため、訓練開始の前に緊急時適応訓練というのを行うのだが、この訓練のシナリオが、これまで見たことのないほどひじょうにユニークなものだった。

そのシナリオとは……。

まずT—38にトラブルが生じて、搭乗員二人が緊急脱出装置で機体から脱出、パラシュートで海へ降下する。搭乗員を救出するために救助ヘリが飛んできて、二人を救出。彼らはヘリに乗り込み、シートに座ってシートベルトを締め、これで助かったとホッと一息入れるやいなや、今度はヘリが悪天候で海に墜落。あろうことが水中に逆さまになって沈んでしまう。そのヘリから、いかにして搭乗員は脱出するか……と、次から次へとピンチが訪れるジェットコースター・ストーリーだった。

(そこまでやるの……?)

訓練の概要を聞いたとき、私はそう思った、というより、呆《あき》れてしまったという方が正しいだろう。

（いくら死と隣り合わせといっても、映画みたいに、こんなに次から次へと災難が襲いかかってくる確率って、どれだけあるだろう……？）

だが、実際の訓練に入ると、笑っている場合ではなかった。

まず最初は、ヘリコプターに乗り込みシートベルトを締める。訓練は夜間を想定しているので、ご丁寧にも目隠しをされる。まあ、夜間でなくても、海中に没したときには、視界が悪いだろうし……。そしてそこから、ヘリをだんだんと水の中に沈めていくと、てっぺんにあるローター部が重いので、あるところで一気に上下逆さまになってしまう。

水中では水圧で扉が開かなくなるので、水に沈むことがわかった時点で、いちばん身近の窓を開けて機内に水を入れなければならない。シートに座ったときに、事前に自分から見てどちらの方向に窓があるかチェックしておくのだが、逆さで真っ暗という状況設定がくせ者だった。方向感覚が狂うのである。

シートベルトを外して、いざ窓に向かおうとするのだが、ヘリコプターが上下逆さまになったため、水流がすごいこともあり、そこで一瞬迷ってしまう。

（あれ!?　どっちに行けばいいんだろう……？）

実は右に窓があるのだが、姿勢が逆さまになっているので、左の方を探したくなるのだ。

（迷っている余裕はない……。早く脱出しなければ……）

「逆さになっても、右は右だ!!」

と事前に教官が言っていた言葉を信じ、右に向かって慌てて窓を探し当て、脱出した。

最初に映画みたいと余裕を持っていたのが、実際にやってみると冷や汗ものの訓練だった。ただ、人間にはやはり順応能力があり、二度目は逆さになっても、左右の方向感覚が正しく感じられるようになった。

◎ビジネスシーンでも使われる訓練

実際の環境下で行う訓練といえば、「ＮＯＬＳ（ノルズ）」も非常にユニークで、有意義な訓練だった。

ＮＯＬＳとは、「National Outdoor Leadership School」の略で、宇宙空間での滞在

的である。

のような、極めて厳しいストレスを感じる環境下で実施される訓練で、宇宙飛行で重要な自己管理やチームワーク、状況に応じた判断方法などを理解・習得することが目的である。

ただし、訓練場所は宇宙とは似ても似つかない、山間部や海、湖などのアウトドアだ。数名でチームを組み、指定された地点と地点の間を徒歩、あるいはカヤック、スキーなどを使って移動する。リーダーは毎日替わり、その都度他のメンバーはリーダーの指示に従うフォローワーとなる。

食糧は最低限の行動食や水を携行。いわば、サバイバルキャンプのようなものだ。行動範囲は広大で、私たち第十九期生は、ワイオミング州の山間部を十日間で約百二十キロ、人力のみで移動するプログラムを行った。

NOLSにおいて、メンバーはリーダーシップとフォローワーシップを学び、天候の変化への対応、ルートファインディング、過酷な環境における自己の体調管理、他のメンバーへの指示やケア、協働作業などを、アウトドアの実地環境で学ぶ。

NASAの宇宙飛行士のほとんどはこの訓練を受けている。また、世界の超有名企業の研修にも使われており、NOLSはビジネスエリートの世界では、実はかなり知られたトレーニングなのである。

◎本当のメンタル訓練

ところで私はこのNOLSに関しては、後に考えさせられる経験をした。

二〇〇八年九月、私はNOLS訓練のため、ヒューストンから千五百キロ以上離れたワイオミング州の山中にいた。

NOLS訓練中は、外部とは一切の通信はできない。教官以外は携帯電話も持っていかず、外部からの情報はまったく手に入れることができない状態になっている。あらゆる危難に対し、メンバーだけで対処方法を考えるというのが、この訓練の目的でもある。

ただし、万が一緊急事態が発生したとき、訓練中の私たちがいる地点の上空を飛行機が飛ぶことで合図を送ることになっている。それを見たらすぐNOLS本部に連絡をとることが決められている。

私たちがワイオミングの山奥を移動しているとき、その合図の飛行機が見えたのだ。

この時、超大型のハリケーン・アイクが、まさにヒューストンを直撃しそうになっていたのである。

二〇〇五年にニューオリンズをハリケーン・カトリーナが襲い、甚大な被害をもたらしたことは、まだヒューストン市民の間では記憶に新しいことだった。あれから数年経つのに、隣のテキサス州のヒューストンに避難したまま、まだニューオリンズに帰ることができない人が何人もいた。

ヒューストンにはいかにもアメリカといった感じの、広い高速道路があちこちに通っている。ジョンソン宇宙センターがあるクリアレイク地帯は標高が低いので、避難命令が出され、市民は避難を開始、高速道路の両車線をすべて街から外へ向かう方向へ開放し、我勝ちに人々は逃げ出した。

その模様は映画の『ディープインパクト』で、大群衆の乗った車がハイウェイを埋め尽くしたシーンにそっくりだったそうだ。

この時、ヒューストンのわが家には、夫と娘が私の帰りを待っていたが、ハリケーンの直撃が避けられないとなって、ついに二人も車で脱出することになった。

「家財道具をいっぱいに詰め込んだ車や、中には台車に乗せたボートまで引っ張った車なんかが、いっせいに逃げ出したんだ。大渋滞で、途中の食料品店も大混雑。それよりも、ガソリンスタンドのガソリンが次々に売り切れになっていったことのほうが怖かった。とにかくみんなパニックになっていたね」

持てるものだけを持って、夫と娘も安全な場所へと移動していった。

一方私たちは訓練を打ち切って、緊急集合地点に急いだ。といっても、まだ山の中。麓《ふもと》の集合地点まで、あと二日かけて行く予定だったところ、急遽《きゅうきょ》ルートを変更し、翌日には到着できるように休みなく歩き続けた。

そしてＮＡＳＡの判断は、とても早く臨機応変だった。

本来は、訓練終了後にヒューストンに戻ることになっていたのだが、直接、各家族の避難先に駆けつけるように、その場で各自の判断で航空券を変更するようにと指示があった。

こういった緊急時には、訓練を最後まで行うことよりも、家族を守ることの方が優先度が高いと、ＮＡＳＡも私たちも判断した。だから、訓練を一日早く切り上げ、不安でいる家族のもとへ駆けつけることができるよう、手配を整えることにした。

私たちがいたワイオミングの山中は、ハリケーン・アイクの脅威からは安全なのだから、まず訓練を予定通りに完了してから、その後にそれぞれ避難するという考えももちろんあるだろう。もちろん私たちは、山中で両方のオプションを議論した。そしてみんなで決めた判断は、NASAの判断と一致していた。その時々で、みんなで議論して状況判断をすることは、宇宙でのミッションでも同じである。NOLS訓練のつもりが、まさに実地での状況判断訓練となったのである。

ちなみに宇宙に行く前には、家族に何かあったときに知らせてほしいかどうかを、各自聞かれた。私はYesと答えた。何があっても、きちんと知らせてほしいと伝えたのだ。

携帯電話が使えない点では、NOLSも宇宙でのミッションも同じである。いや、すぐに帰ることができない分だけ、宇宙の方がより焦燥感に駆られるだろう。だが、宇宙ではできることが限られているとはいえ、情報があれば、それに基づいて状況判断ができる。そして、何かできることが見つかるに違いない。

そういう意味でも、このNOLSはいいメンタル訓練となった。

第五章　最後の追い込みと一回休み

◎ロボットアームのスペシャリストを目指して

厳しいNASAでの一年八か月に及ぶ訓練の結果、二〇〇六年二月十日に私は、ミッションスペシャリスト（MS）として認定されることとなった。日本で宇宙飛行士候補者に選ばれた日から、ちょうど七年目のことだった。卒業式には、夫と娘とアメリカでお世話になった老夫婦も参加した。

MS資格をとることは当初予定になかったが、コロンビア号の事故を機にMS訓練をすることになり、複雑な感慨深さもあった。

この時、コメントを求められた私は、

「私が訓練を継続できるようにと会社を退職せざるを得なかった主人の、国際宇宙ステーション地上管制官になるという夢も含め、まだまだいろいろな意味で困難な道ですが、周囲の理解を得つつ努力していきたいと思います」

と述べた。

二〇〇六年二月に、私はISSのロボットアームを操作する訓練のため、カナダ宇宙庁で二週間にわたって「カナダアーム2」の訓練を行った。カナダでの訓練は、五年ぶり以上だったが、前回はロボットアームの基礎を学んだのに対し、この時は「カナダアーム2」という実際のロボットアーム訓練であり、より宇宙を実感することができた。

「カナダアーム2」は、ISS船外に搭載されているロボットシステムで、宇宙空間での荷物の運搬や補修などのさまざまな作業を行うのに使用される。操作は船内から、モニターを見ながら行い、特別な訓練を受けたミッションスペシャリストしか操作することができない。

特にISSの組み立て、修理といった作業には、欠かすことのできないシステム、まさに生命線である。

カナダから戻ったあとも、私はヒューストンのジョンソン宇宙センターで、ロボットアームの操作訓練を、何度も繰り返した。スペースシャトルのロボットアーム、そして「きぼう」日本実験棟のロボットアームの訓練もした。

(宇宙に行ったとき、これが私のいちばん重要な役目。このために宇宙に行くんだ。だから私は、世界でいちばんロボットアームが操作できる宇宙飛行士にならなければならない)

そう私は決意し、訓練を続けていった。

◎夫の「夢」

今、夜空を見上げると、小さな光点を引きながらISSが地球を周回するのを見ることができる。

ヒューストンでも、はるか上空を横切る小さな光を指さしながら、娘にこういった。

「ママね、あのお空に飛んでいる宇宙ステーションをつくるのを、手伝ったことがあるんだよ」

「ホント！」

「本当よ。パパもあの宇宙ステーションを動かす訓練をしていたの。そしてママはいつか、あそこに行くの」

娘のキラキラした表情を見ると、自分が幼い頃に星を見て、宇宙に想いを馳《は》せていたことが思い出され、感慨深くなる。

ISS「きぼう」は、一九八四年にスタートしたプロジェクトである。実際に運用が始まったのは、それから二十四年も後、まさに日本の宇宙開発の悲願でもあった。夫も管制官としてそのミッションの手順書づくり等に携わっていたのである。

二〇〇六年五月、土井隆雄宇宙飛行士が「きぼう」日本実験棟打ち上げミッションの搭乗メンバーに選ばれた。そしてその土井宇宙飛行士のクルーサポートアストロノート（搭乗者支援宇宙飛行士）に、私が選ばれることになった。

これは、「きぼう」日本実験棟をISSに取り付けるため宇宙へ行く土井宇宙飛行士を支える役で、打ち上げの時は土井宇宙飛行士と家族のサポートをアメリカのケネディ宇宙センターで行う。ミッション中、筑波宇宙センターの「きぼう」運用管制室で交信を担当するかどうかは、多々議論を重ねた。

「きぼう」運用管制室で働くというのは、夫が以前、自分の夢だと語っていた仕事だった。そのため、複雑な気持ちは隠せず、夫の方もまだわだかまりを抱いていた。

二〇〇八年三月十一日、土井宇宙飛行士とともに、最初の「きぼう」が宇宙へと打ち上げられた。

私は夫との調停もすみ、娘も含めた三人でフロリダのケネディ宇宙センターに行き、その打ち上げを見守った。夫と娘は以前、野口宇宙飛行士の打ち上げを見ていたが、三人揃って見るのは初めてだった。

夜、星のように打ち上げられていくスペースシャトル。以前に打ち上げを見たとき、パパに教えられていたこともあり、娘は、いつかママがそこに乗るということもわかっていた。

二〇〇八年三月十五日、土井宇宙飛行士が、取り付けた「きぼう」船内保管室に入室した。

「これは日本にとって、新しくより素晴らしい宇宙時代の幕開けです」

土井宇宙飛行士は宇宙から私たちに、素晴らしいメッセージを送ってきた。

思わず感動で胸が熱くなった。私は、地上から、

「あなたは、私たちの『希望』です」

と送り返した。

この二十四年間、「きぼう」を設計した人、製造した人、運用の準備をした人、多くの人たちの思いが実った。見えないたくさんの人の思いを「きぼう」に届けたくて、精一杯の声で伝えた。

実は、「きぼう」への入室手順を最初に作成したのは夫だった。あれから更新はされているが、夫の思いもここに結実した。夫も娘も「きぼう」入室の瞬間をジョンソ

ン宇宙センター内から見守っていた。夫からは、

「おつかれさん……。優希が、TVから聞こえたママの声を聞いて、とても喜んでいたよ」

とメールが送られてきた。複雑な気持ちだったろうに、こういう穏やかなメールを書いてくる夫に対し、祈りにもにた感謝の気持ちがわいた。


モニターには、「きぼう」に入室した後、土井宇宙飛行士が日の丸の旗とともに二つの写真を壁に貼っているのが映っていた。

（何の写真を貼っているのだろう……？）

じっと目を凝らしてモニターを見てみると、一つは当時のJAXA宇宙飛行士八人の集合写真。そしてもうひとつは……、ブルースーツを着た私の写真！

それはまったく予期していないことだった。いろいろな思いが頭をよぎった。

土井宇宙飛行士は、かつて毛利宇宙飛行士の飛行の時にバックアップをつとめていた。そんな彼は、他の飛行士のミッションをサポートする人間の気持ちが痛いほどよくわかっていたのだろう。自分のシフトが終わり宿泊先に戻る。スーツを脱ぎ、顔を洗い、涙がとめどなく出てきた。どうしてか分からない。土井宇宙飛行士らしい優し

さ、思いやりに触れ、私の胸の奥にたまっていた気持ちが一気に噴き出たようで、目頭が熱くなってしまった。

モニター画面の向こうの土井宇宙飛行士は、うれしそうな、そして無邪気でいたずらっ子のような笑顔を浮かべていた。うれしさが体中からにじみ出ているようだった。彼と、そして彼のご家族の苦労や努力を間近で見てきた私としては、

（お疲れ様……。本当によかったですね）

という思いでいっぱいだった。

それとともに、

（いつか私も「きぼう」に入るんだ……）

そう決意した。

◎十年目前の朗報

応援してくれている家族やみんなのためにも、早く宇宙に行きたい。この願いは、クルーサポートアストロノートを務めた約半年後に訪れた。

二〇〇八年十月三十一日。一時帰国していた私のもとに、二通のメールが届いた。

差出人はＮＡＳＡのスティーヴ・リンジー宇宙飛行士室長（当時）。

最初のメールは、

「連絡乞《こ》う」

ヒューストンとは十五時間も時差があるので、電話をするのを躊躇《ためら》っていると、すぐに次のメールが……。

「Congratulations!　君のＳＴＳ―１３１への搭乗が決まった！　いい仕事をしてくれると信じている」

宇宙飛行士候補者に選ばれてから九年九か月、宇宙飛行士に認定されてからも七年二か月の時が流れていた。

ＪＡＸＡとＮＡＳＡのはからいで、帰国中の十一月十一日に、他の仲間のクルーより一足先に、搭乗決定の記者会見を行い、麻生《あそう》太郎総理（当時）ら政府要人を表敬訪問。

それからは、おめでとうの祝福の嵐だった。宇宙飛行士仲間からも多くの言葉をいただいた。

「多目的補給モジュールでの物資輸送や、予備のアンモニアタンクの設置など、ロボットアームが活躍する機会の多い、重要なミッションですね。今まで培ってきた知識・技術を大いに発揮してください」

という古川聡宇宙飛行士からの言葉は、

（先輩宇宙飛行士から引き継いできたバトンを、確実に次につなげたい。だから、ミッションを絶対に成功させるんだ）

と、改めて思わせるありがたいメッセージだった。

私が選ばれたのは、「国際宇宙ステーション組立てミッション（STS—131／19A）」というミッションである。スペースシャトルの百三十一回目のミッションで、ISSアメリカ要素の組み立て十九回目のミッションでもある。搭乗するのはスペースシャトル・アトランティス号（後にディスカバリー号に変更される）。私の具体的な作業は、スペースシャトルのロボットアームを使用したシャトルの機体の損傷点検や、ISSロボットアームを使用した多目的補給モジュールの取り付け、そして物資輸送責任者などである。

この時の打ち上げ予定は、二〇一〇年二月十一日以降となっていた。実際は、当初三月十八日が予定され、その後四月五日へと変更になった。

ミッションのメンバーは、アレン・ポインデクスター船長以下、ジェームズ（ジム）・ダットン、リチャード（リック）・マストラキオ、ドロシー（ドッティ）・メカフ・リンデンバーガー、ステファニー・ウィルソン、クレイトン（クレイ）・アンダーソン、そして私の七人。

ドッティとステファニーと私が女性で、一回のミッションに三人も女性宇宙飛行士が参加するのは珍しいことである。

リックとステファニーはこれが三回目、船長とクレイはこれが二回目の飛行と、メンバーはベテラン揃《ぞろ》い。

（一年三か月後には、彼らとともに宇宙に行って、ミッションを遂行するんだ。これから一年間、さあ忙しくなるぞ）

身が引き締まる思いだった。

◎生命の重みを感じる訓練

ＳＴＳ－１３１／19Ａへの参加が決まってから、私の訓練は実際のミッションに沿ったものになっていった。

まず二〇〇九年三月十八日にSTS—131トレーニング・キックオフ・ミーティングが行われ、搭乗クルー七人とともに、訓練チームが初めて一堂に会した。私たちはそれぞれ自己紹介。私たちのスケジュールもミッション管理者のもとに移行すると説明された。

訓練は、まず単独で技術を磨き、その後七人のクルーが一緒になって、本物のスペースシャトルと同じ大きさで、同じ室内機器をつんだモックアップ（実物大訓練施設）を使い、実際のタイムスケジュールにしたがった行動を確認する。打ち上げからISSにドッキング、そして帰還までの約二週間の行動を、すべて分刻みでシミュレーションを繰り返し行い、チェック、点検していくのである。

一つの小さなミスが、搭乗員七人全員の命にかかわるだけに、訓練の持つ重みはこれまでのものと比較にならないほど、重い。自分の肩に、自分以外の六人の命がずっしりとのしかかっているような、緊張感がある。

宇宙では何が起こるかわからない。不測の事態や、信じられないトラブルが起こらないとも限らない。七人のクルーをはじめ、インストラクター、地上管制官、フライトサージャンなど、関係者みんな真剣な面持ちで訓練を行っていく。

しかし、過度の緊張は新たなミスを生む。いかにリラックスして、的確に、スムーズに作業をしていくか。それには訓練を何度も繰り返すしかないのだ。

スペースシャトルのシミュレーション訓練だけでなく、私の専門であるロボットアームの操作訓練も同時に行われた。

スペースシャトルのロボットアームは、「オービタ」と呼ばれるスペースシャトル本体の胴体中央部にある「ペイロードベイ」という貨物室に格納されている。ちなみに「オービタ」にはそれぞれディスカバリー号やアトランティス号の名前がつけられている。ロボットアームの操作は、操縦席の真裏にあるコントロールパネルで行う。操作を担当するミッションスペシャリストは、ある時は自動でロボットアームが決められた軌道を動くのをモニターし、ある時は手動で、両手でハンドコントローラーを動かして操作するのである。またISSのロボットアームは、ISS船外を尺取り虫のように動けるようになっている。

実際のISSのロボットアームは長さ十七メートル、重量は千八百キロもあるので、訓練の時にはコンピュータグラフィックでロボットアームを模擬し、その映像を見ながら行う。

ロボットアーム本体は細いので、先端に十二トンもの多目的補給モジュールを把持すると、少しの振動でもロボットアームが揺れる。いったん揺れ出すと、空気がない宇宙空間では揺れがなかなか止まらない。周囲にぶつからないように、そしてロボットアームに負荷をかけないように、慎重に操作しなければならない。

今回のSTS—131／19Aミッションに搭乗するISSロボットアームを操作するミッションスペシャリストは、ステファニー、ジム、私の三人。

名門ハーバード大学で科学工学を学んだステファニーは、今回で三回目のミッションというベテラン宇宙飛行士で、やはりロボットアームの操作も手慣れたものだった。毎回ステファニーから学ぶことは多かった。

◎オレンジスーツのお披露目

宇宙飛行士のユニフォームといえば、誰もが思うのはやはりオレンジ色の宇宙服だろう。映画でもテレビドラマでも、宇宙が舞台になる物語だと、必ず宇宙飛行士はオレンジ色の宇宙服を着て登場する、いってみれば宇宙飛行士のトレードマークである。

あのオレンジスーツは、正式には「与圧服」というのだが、実際にあのオレンジスーツを着用するのは打ち上げ時と帰還時だけである。打ち上げ約六時間前にオレンジスーツを着用し、打ち上げ後わずか八分三十秒で宇宙に到達した後、順次船内服に着替えるのだから、実際に着用する時間はひじょうに短いのである。

だが「与圧服」というだけあって、服内の気圧を一定にし、酸素も供給できるようになっており、万が一のトラブルにも耐えられるような構造になっている。また、両足のポケットに収納してあるサバイバルキットをはじめ、パラシュートなどさまざまな装備が施されている特殊スーツなのだ。

このオレンジスーツは、一九八六年のチャレンジャー号の事故の後に正式採用となった。あの惨事の教訓が、宇宙飛行士の生命を守るスーツの開発に結びついたのだ。

もちろん宇宙飛行士は、それぞれの体形に合わせてオレンジスーツの寸法を調整し、体に合うかどうかのフィットチェックを繰り返し行う。

オレンジスーツは、パラシュートを含めると重量は四十キロ以上もある。私は七名のクルーの中でいちばん小柄だ。そんな私がこのオレンジスーツを着ると、まるでパンプキンのようになる。

これを着て、宇宙船の中で操作をしたり、非常時の緊急脱出をしたりというのは、かなり体力がいる。私は日頃から体力トレーニングを心がけていたが、この時ほどその重要性がわかったときはない。

最初は着ると肩がこって仕方がなかったスーツも、何度も訓練を繰り返すうちに、なじんでくるのが不思議である。

◎オレンジスーツのままシャトル天頂から脱出

オレンジスーツはただ着るのに慣れればよいというものではない。スーツに搭載されているさまざまなキットの操作方法に習熟する訓練をしなければならない。せっかく装備されていても、使いこなせなければ、助かる命もムダにしてしまうかもしれない。

さらにスーツを着たままでの緊急脱出訓練も行った。場所はジョンソン宇宙センターにある実物大のスペースシャトル訓練施設。

スペースシャトルでは緊急事態が発生した場合、緊急脱出用のスライドハッチがある。だが、これが開かなかった場合は、フライトデッキの天井のガラスをセットしてある爆薬で爆破して、そこからロープを伝って脱出するのである。

天井に登るには、操縦席の椅子を踏み台にして、爆破した穴から身を乗り出さなければならない。パラシュートをはずして十数キロもの重量のあるオレンジスーツを着たまま天井に登るのは、かなりきつい。

さらに天井からロープを伝って脱出するわけだが、スペースシャトルの天井は、映像などでは予想もできないくらい高いのだ。

宇宙飛行士が居住する空間は、スペースシャトルの前部のみで、ここは三層構造になっており、高さは十メートル以上ある。訓練で天井の上に立ったときは、恐怖で思わず足がすくんでしまった。そこからロープを伝って徐々に降下。

この日は、クルーの家族も訓練見学に招待されていた。心配そうに見上げる夫と娘の顔が、ロープ越しに見えた。

ところで、スペースシャトルが打ち上げられたあと、宇宙服から船内服に着替える。実はＪＡＸＡは二〇〇九年九月に、ディスカバリー号に搭載する衣服を一般企業から公募した。

宇宙空間では水を使用することができない。無重力状態で水滴状になって浮かんだ水が、計器類について故障を引き起こす原因になるので、地球上のように水を使って衣服の洗濯や体を洗うことはできない。そのため船内で着用する衣服は、抗菌・滅菌性、防臭・消臭性、保温性および静電気を起こさない制電性に優れていなければならない。

また、デザインも宇宙での活動がしやすいものでなくてはならない。例えば、無重力空間でペンやノートを仮置きできるように、ズボンには面ファスナーがついたものがよい。また、地球上では下半身に下りている体液や血液が、宇宙では上半身に移動するため、普段よりウェストが細くなる。だからズボンには、地球上でも宇宙空間でもはけるように、ウェストの調整機能があると好ましい。

以上の点をもとに審査された結果、長袖《ながそで》シャツ、半袖シャツ、カーディガン、半ズボン、長ズボン、運動着上下、靴下の七種類で、それぞれのメーカーのものが選ばれた。どこのメーカーのものが選ばれたかは、JAXAのホームページを見ていただければわかる。思わぬメーカー、意外なデザイナーのものが宇宙に飛んでいったとわかって、驚かれるかもしれない。

◎食べ物の好き嫌いは宇宙飛行士の敵?

宇宙空間に持っていくものは、すべて事前にチェックし、その操作の仕方や慣れるための訓練を繰り返すのだが、それは宇宙食に関しても例外ではない。

宇宙食というと、未《いま》だに歯磨きチューブのようなものからペースト状の食糧を吸い上げるというイメージを持っている人もいると思うが、いまは地上の食事にも負けないくらい味もよくなっている。

もともと一九六〇年代のマーキュリー計画やジェミニ計画の時代は、未だに宇宙食としてのイメージが強い、練り歯磨きチューブが多かった。最初はまるで離乳食みたいで、ひじょうに不評だったそうだ。また、チューブ入り宇宙食は重量があるので、一日一人二キロもの食糧を搭載しなければならず、宇宙船の運航にも影響が出ていた。

しかしその後、さまざまな開発、改善が行われ、そのまま食べられる食品やレトルト食品、加水食品（スープ、ライス、スクランブルエッグなどのフリーズドライ食品）、半乾燥食品（乾燥フルーツ、乾燥牛肉など）、自然形態食（ナッツやクッキーなど）など、全部で二百種類くらいのメニューの中から選べるようになっている。

メニューの中には「酢豚風チキン」や「赤飯」「ブルーベリーヨーグルト」「ミートラザーニャ」なんていうのもあり、和食だけでも二十八種類もある。下手なレストランよりもメニューは豊富でバラエティに富んでいる。

さらに、これらのメニュー以外にも、「フレッシュフード」として市販の食品や新鮮食品（リンゴ、オレンジ、バナナ、ニンジン、セロリなどの新鮮な果物や野菜）などを各宇宙飛行士が選んで持っていくことができる。私は今回のミッションでは、ようかんやカレー、ご飯などを持ち込んだ。

当初STS—131ミッションは二〇一〇年三月十八日が打ち上げの予定で、前年の十一月二日までにメニューを考えることになっていた。提出したメニューは、栄養やカロリーの偏りがないかNASAの専門家がチェックする。

特に普段は食事制限のようなものはないのだが、それでも宇宙飛行士は体力のいる仕事、好き嫌いや偏食はよくないし、食事には日頃から注意する習慣がついている。

とはいえ、

（四か月も先の献立を考えるなんて、何か変な感じだなぁ。どうせなら、袋からそのまま食べるのもみっともないから、宇宙用の食器なんてのも開発してくれたらいいのに）

とぼやきながら、メニューを決めていたことを覚えている。

その後、七人のクルー全員で試食会を開いたが、和食でいちばん人気があったのがカレーだった。

このカレーは、一九九二年に毛利衛宇宙飛行士が日本製のレトルトカレーを持ち込んだのが最初で、各国の宇宙飛行士の間でも人気の「和食」メニューだ。

◎縦向きのキッチン

スペースシャトルでは、これまでのミッションで綿々と受け継がれてきた伝統が幾つかあるが、その一つに、宇宙で初めて食べる食事はサンドウィッチ、というのがある。そのため宇宙飛行士は、事前にどのサンドウィッチを持っていくか決めておく。中身はどんなハムか、トマトやレタスは入れるか、マヨネーズをつけるか、それともマスタードだけにするかなど、事細かく指定するのだ。

結局私は、あれこれ考えた末に、オーソドックスなピーナッツバターサンドを持っていった。きっと打ち上げ後は、甘いものが食べたくなると思ったからだ。

それと今回のミッションで私は、日本の南極観測隊が開発した凍結乾燥させた「卵焼き」と「牛肉のしょうが焼き」を特別に持ち込んだ。さらにISSに長期滞在している野口聡一宇宙飛行士のために「石狩鍋《いしかりなべ》」「キンメダイの煮付け」、さらに北海道産のウニ、ホタテ、まぐろのしょう油漬けなどのすしネタの刺し身も届けた。

かつてから比べると隔世の感がある、豪華絢爛《けんらん》グルメ宇宙食である。

ところで、これだけ宇宙食がバラエティ豊かになったのも、船内で簡単な調理ができるようになったからだ。

三層式のスペースシャトルの二階、ミッドデッキは、クルーの生活区画で、睡眠や食事はここで行う。そしてここにはキッチンもある。もちろん私たちは、このキッチンの使い方の訓練もやるわけだ。

このキッチンが地球上のキッチンと大きく違う点は、壁に縦にくっついているということだ。無重力状態になるとどちらが上でどちらが下ということはなくなるので、別にキッチンが壁にあろうが天井にあろうが不便はないのだが、最初見たときはやはり奇妙な感じがした。

◎最後には装甲車まで運転

打ち上げの三週間前になると、ケネディ宇宙センターでカウントダウン訓練というのが行われる。この時は、発射台に据え付けられた本物のスペースシャトルに乗り込み、さまざまなチェックや、緊急避難の訓練を行う。

この緊急避難訓練では、装甲車の運転までしたのだ。

スペースシャトル打ち上げ時に火災などの重大なトラブルが生じた場合、クルーは発射台から緊急避難用のかごで地上まで降り、そこから軍隊で使うM—113という装甲兵員輸送車に乗って射場から遠くへ逃げる。

打ち上げ直前の時は、スペースシャトルの周りにはクルーしかいないのだから、もしもの場合は、クルーはすべて自力で脱出しなければならないのである。

初めてこの装甲車を見たとき、私は、

(これって、装甲車じゃない。緊急脱出に装甲車を使うなんて、本当にアメリカらしいな……)

と思ってしまった。

(この私が、装甲車を運転するのか……)

自衛隊出身の父が見たら、びっくりするだろう。

後ろの座席に教官を乗せ、最初はおそるおそるだったのだが、慣れてくると時速六十キロぐらいで砂利道をとばした。普通の車と違ってものすごくパワフルで、運転しながら爽快《そうかい》この上なかった。

また、打ち上げの一週間前から搭乗クルーは、外部との接触を避けるために隔離される。その隔離施設に寝泊まりしながら、打ち上げから飛行日四日目までを模擬する訓練もあった。この間は三食とも宇宙食を食べるのである。

宇宙食は決しておいしくないわけではないが、やはり訓練を終えて帰宅して、夫の手作り料理を食べた瞬間は、なんとなく気持ちが和らいだ。

そのとき食べながら、

「なんだかホッとした……」

と食卓で呟《つぶや》いたら、次の日の朝食にホットドッグが出てきたのには思わず笑ってしまった。夫流の、なかなか粋《いき》なユーモアだった。

◎「ママにうつるといけないから」

ところでこの一週間前の隔離というのは、不特定多数と接触してウィルスに感染し、ミッション中に病気などになるのを防ぐために行われるもので、「健康安定化計画」と呼ばれる。

この隔離は、一九六八年十二月に打ち上げられたアポロ八号のクルーが、打ち上げ直前にビールス性胃腸炎に罹《かか》り、打ち上げに成功したものの、ミッションの遂行に支障が生じたという失敗があったため、取り入れられたものである。

またここでは、打ち上げ時刻にあわせて、生活リズムも変えていく。ISSの軌道にあわせるため、打ち上げが早朝、あるいは深夜になることもあり、それにあわせて軌道上での活動時間帯を決めるのである。私たちの場合、早朝六時の打ち上げにあわせ、正午就寝、夜八時起床という時間帯で動いていた。約十四時間の時差、というわけだ。

「十四時間って、ヒューストンと日本の時差と同じじゃない。直子には楽勝だね」

と、他のクルーに冗談を言われていた。

このようにミッションが決まってからは、搭乗クルーは常に健康をチェックするようになる。通常は年に一回、必ず健康診断を行う。それも人間ドック並みの精密検査である。

さらに打ち上げの十日前と三日前、そして打ち上げ当日には最終メディカルチェックがあり、これでOKがでないと宇宙には行けない。

普段は特別な健康法をしているわけではないが、それでもミッションが決まると、おのずと自分の体には注意するようになってくる。それは私だけでなく、むしろ周囲の人たちの方がいろいろと気遣ってくれていた。

打ち上げの一月ちょっと前、娘が寝ている最中に急に嘔吐《おうと》したことがあった。その翌日は空手のトーナメント。早く治してあげたい……。

寝ている娘のそばに行って看病していたら、ベッドの中から娘が私の顔をじっと見て、

「ママ、あっちに行ってて。ママにうつるといけないから」

と言った。私は思わず、娘をぎゅっと抱きしめ、

「ママは大丈夫。そんな心配しないで、早く治そうね」

娘は娘なりに、私が宇宙に行くということをわかっている、そして気を遣っている。娘の優しい心遣いに、思わず涙が出そうになった。

(絶対に宇宙でのミッションを成功させよう。そのためにも頑張ろう)

そう強く思った。

◎一回休みの打ち上げ延期

二〇一〇年初頭の冬のアメリカは、例年以上に寒かった。首都ワシントンD．C．でも豪雪が積もり、都市機能が完全に麻痺《まひ》。会社も官公庁も休みになってしまった。スペースシャトルが打ち上げられるケネディ宇宙センターは、フロリダ州オーランドにある。ここは、アメリカでも有数のリゾートで、一年中暖かいカリブ海に面した楽園である。

ところがこの年は、フロリダにも時ならぬ寒気団が居座っていた。

ＳＴＳ―１３１ミッションのスペースシャトル・ディスカバリー号の打ち上げ予定は、アメリカ時間で三月十八日午後一時三十分。

しかしいっこうに去らない寒気団のため、フロリダ州は低温に見舞われていた。あまり低温だと、スペースシャトルは燃料漏れを起こす可能性があり、安全な運行に重大な支障をきたすおそれがある。ＮＡＳＡでは、気温に関して明確な基準があり、ある一定温度を下回ると、打ち上げやその準備作業は延期される。

結局ほぼ一月前の二月十六日、打ち上げの延期が決定した。

現地フロリダまで打ち上げを見に来てくれる家族や友達、知り合いにはすでに案内状を出し、みんなも楽しみにしていた。私の周囲もどんどん盛りあがっていき、完全にカウントダウン状態。

二月八日には、私たちの前に待機していたSTS—130ミッションが打ち上げられ、ついに私たちがプライム・クルーとなったばっかりなのに……。

宇宙飛行士の心情は、マラソンを走るランナーに似ていると思う。宇宙飛行士候補者になったときから走り始め、ミッションが決まったときがゴールが視界に見える時期、そして打ち上げが最終コーナーを回るときだ。今私は、最終コーナー直前まで来ている。その瞬間が来るまで、五感を研ぎ澄まし、これまで自分のやって来たこと、自分の人生のすべてを一瞬のうちに解き放とうとしている。

それが、見えていたゴールのテープが遠ざかってしまった、そんな感じといえるだろうか。

確かにちょっと、拍子抜けした。しかし、すぐ気持ちを切り替えるようにした。

(まあ、しょうがないか。若田光一さんだって三回も打ち上げ延期になっているし、野口聡一さんなんか打ち上げのわずか二時間二十分前に延期が決定したんだから、それに比べれば……。宇宙飛行士になって十年も待ったんだから、これがちょっとくらい延びたって、どうってことないよね……)

私は自分に言い聞かせた。

とにかく一回休み。でも人生には、こんな小さなつまずきはよくあることだし、誰のせいでもない。延期になったおかげで、この数週間、より準備に念を入れることができたではないか。

きっと神様が、もうちょっとだけワクワクドキドキの瞬間を楽しみたかったのだろう。

三月二十六日、ケネディ宇宙センターでSTS―131の飛行準備審査会が開かれ、ディスカバリー号の打ち上げを四月五日午前六時二十一分(アメリカ東部時間)に行うことを正式に決定した。

第六章　宇宙《そら》へ

◎「ママがやっと宇宙に行ける」

「皆さん、あと二時間でオレンジスーツを着用します。家族、知人、たくさんの方々からの声援に心から感謝しております。いいミッションにしてきます。では行ってきます！」

隔離施設からツイッターの文章を送信する。

打ち上げまであと八時間。いよいよだ。宇宙飛行士候補者になってから十年間、この日のためにやってきた。すべてをかけ、ハードな訓練を重ね、全身全霊をこめて夢を叶《かな》えようと頑張ってきた。

その瞬間が、まもなくやってくる……。

打ち上げの九日前の夜、私は夫と娘に別れを告げ、一人車でヒューストンにあるジョンソン宇宙センター内の隔離施設へ向かった。

後日、夫が撮ったビデオを見たら、

「じゃ、行ってくるね」

と私が言って車に乗ったあと、娘は車のテールランプが見えなくなるまでずっと手を振っていた。そして振り向いた娘の目から、涙がこぼれていた。

夫が、

「優希、寂しいの？」

と聞いたら、

「ううん、うれし涙。だってママがやっと宇宙に行けるんだもん」

と答えていた。

「あの時、カメラを回していなかったら、僕も泣いていたよ」

と夫が言っていたが、私も同じ。あとでこの映像を見たとき、思わずもらい泣きしてしまった……。

ここ最近、娘の髪を三つ編みにしてあげるのが日課だった。ある朝、娘の髪をいつものように編んでいると、娘が私に聞いてきた。

「『ゆうき』の『き』って、希望の『希』なんだよね」

「そうだよ」

「希望ってなに？　どういう意味？」

「う―ん……、心にいつも光があるってことかな」

私はそういいながら、娘のちょうど心臓のあたりに手を当てた。

「そっか」

娘はにこっと笑う。


夫とは隔離中にも面会できるが、娘とはもう、帰還するまで会えない。十歳未満の子どもは病気がうつりやすいので、隔離中は会えないのが規則なのだ。一か月弱の離ればなれ。これまでにも、出張などで一か月くらい娘と会えないこともあったが、なぜ今回はこんなにも切なく、胸がじーんとなるのだろう。「希望」の光を信じて、お互い、この隔離中を乗り切ろう、宇宙センターに向かう車の中で、私はそう思った。

◎打ち上げまでのカウントダウン

前にも書いたが、隔離には、人との接触を最小限にして病気にならないためと、時差調整の役割がある。私たちのミッションＳＴＳ―１３１は、ＩＳＳとドッキングしやすいよう、アメリカ東部時間の朝六時二十一分に打ち上げられる。通常は打ち上げ後六時間で就寝となる。その活動時間にあわせるため、隔離中私たちは徐々に体を慣らしていき、正午就寝、夜八時起床という昼夜逆転の生活にしていく。

一度に十四時間もずらすのは大変なので、五日間をかけて、毎日数時間ずつ時差調整していった。

隔離初日、私たちは朝四時まで起きていることになっていた。クルー七名、全員が大部屋に集まって、訓練ノートを見直しながらたわいもないおしゃべりをして時を過ごした。


打ち上げ四日前の四月一日。夜明け前の午前三時に私たちクルー七名は、ジョンソン宇宙センター内の隔離所を後にした。いよいよフロリダのケネディ宇宙センターに向かうのだ。T―38の訓練で使用しているエリントン空港に着くと、まだ真っ暗だというのに、訓練教官たちに交じって、夫と娘が見送りに来てくれていた。娘とは接触が禁じられているため、私と娘との間には、申し訳なさそうに警備員が立ちはだかっていたが、それでも私の声が娘に届くには十分な距離だった。

「行ってきます！」

「行ってらっしゃい！」

精一杯手を振る娘。こういったこと一つ一つが私の心の大きな支えになっている。それを実現してくれた夫の決意。いろいろなことに感謝せずにはいられなかった。

アメリカ東部時間午前七時、ケネディ宇宙センター着。私たちを乗せた飛行機が着陸する直前に、窓から射場に臨座しているディスカバリー号が見えた。夜明けの澄んだ空気が清々《すがすが》しい。

滑走路上でメディアの方々の取材を受けた後、ディスカバリー号の中と、ペイロードに搭載されている多目的補給モジュール「レオナルド」を確認した。今さらながら、打ち上げが目前に来たことを再認識する。

夫と娘も、午後にはフロリダに到着する予定だ。

翌日二日に、ロシアの宇宙船ソユーズTMA—十八号が、打ち上げに成功。三名のクルーが、私たちより一足先にISSに向かった。

私たちは三日後の打ち上げの前に、オレンジスーツの最終フィットチェックをし、軽い運動の後、家族に手紙を書いた。

その手紙は、打ち上げが成功して軌道に乗った後、家族支援サポートをしてくれる担当の宇宙飛行士から家族へ渡される。だから家族は、今はまだ、この手紙のことを知らない。これもNASAの伝統文化の一つだ。

私の手紙は、夫と娘には星出彰彦宇宙飛行士が、両親や親戚《しんせき》には向井千秋宇宙飛行士が渡してくれる。両宇宙飛行士は、忙しいスケジュールをやりくりして、打ち上げ時のサポートのためにフロリダまで来てくれた。また若田宇宙飛行士やJAXA担当者には事前の準備で多々お世話になった。心から感謝である。

打ち上げ二日前には、ケネディ宇宙センター内の打ち上げ場近くのビーチハウスで、配偶者と、事前申請した四名のゲストとともに、私たちにとってはディナー、ゲストにとっては朝食を一緒にする食事会が行われる。

でも残念ながら、娘は参加できない。食事会の間、JAXAの支援担当の若松さんやいとこたちと、仲良く遊んでいたそうだ。

三日の夜、クルーは配偶者と一緒に、ディスカバリー号の射場まで行った。照明に照らされ、闇の中に浮かびあがるディスカバリー号は、荘厳な雰囲気をたたえていた。

地上五十メートルの射場のてっぺんまで登ると、遠くに街の灯《あか》りが見えた。まもなくこの船に乗り、宇宙に行くのかと思うと、なんだか不思議な感じがした。

闇の向こうに、

「We are behind you, Discovery!（私たちはディスカバリー号を見守っています！）」

と書いた、垂れ幕がはためいている。

そう、たくさんの人の思いが、このディスカバリー号には詰まっているのだ。


四日の早朝、JAXA立川理事長と面会後、ビーチハウスでもう一度、各クルーは配偶者との時間を過ごした。

夫と一緒に、朝日が眩《まぶ》しい中、海岸沿いを裸足《はだし》で散歩した。

何となく、私は波打ち際を走りたくなった。波の音を聞きながらビーチを思いっきり走る。

（アポロ時代から、宇宙飛行士は打ち上げ前にこのビーチで、最愛の人と最後のひとときを過ごしていたんだな。みんな、何を思っていたんだろう……）

きっとその気持ちは、私と同じだったと思う。

昼前には、家族や親戚に行ってきますのあいさつをする。ここからはもう、直接みんなと接触することはできない。ロープを隔ててのお別れとなる。

娘ともお互い、思いっきり手を振った。

この日は、アメリカはイースターだったが、祭日にもかかわらず、こうしたイベントを支えてくれたたくさんのスタッフには、いくら感謝してもしきれない。

その後隔離施設に戻り、正午の就寝前まで、船長とドッティと雑談をする。なんとなく、キャンプの時に焚《た》き火を囲んでするおしゃべりのような雰囲気だった。

◎そして、その日……

四月四日。いつものように午後八時に目が覚めた。

朝食の後、最後のメディカルチェックを受ける。もちろん体調は万全、まったく問題はない。

それから隔離施設内の荷物の整理に取りかかる。スペースシャトルは、必ずしも打ち上げられた場所に着陸するとは限らない。天候によっては、まったく別のところに帰還することになるかもしれない。だから、この施設には二度と戻らないかもしれないのだ。

午後十時。搭乗クルー全員、オレンジスーツを着用。スーツ技術者のみんなも夜通し働いている。私の担当はトニーさん。私と同じくらいの背丈で、みんなから小柄コンビといわれていた。トニーさんの笑顔を見るたびにホッとする。

オレンジスーツも、訓練を重ねていくうちに、体になじんできた。これを着ると、

（本当にこれから宇宙に行くんだな）

という、喜びと高揚感が体の奥底からわいてくる。

オレンジスーツを着て、まず、NASAの伝統であるクルー全員でのポーカーゲームをした。そして、船長が負けたところで、いざ出発。

隔離施設の玄関を出た瞬間、出発前の様子を取材しに来たメディア関係者がいっせいにカメラのフラッシュをたいた。まだ外は真っ暗なのにもかかわらず、思わず目が眩《くら》む。そして大歓声。そこには、訓練中から取材してくれた記者の方の顔が……。あ、あの人がいる、あの人も来てくれたんだ！

「ナオコサーン、ナオコサーン」

記者の方たちが私の名前を大きな声で叫んでいた。

ありがとう！　絶対にミッションを成功させます！　精一杯頑張ります！

知らないうちに私は、大きく手を頭上で振っていた。

みんなにありがとうと言いたい気持ち。みんながミッションをつくっているんだと

いう気持ち。私一人だけじゃない、みんなで宇宙に行くんだという気持ち！

この後で私は、クルーのみんなからも、「ナオコサーン」と呼ばれるようになった。

◎五、四、三、二、一……〇！

搭乗クルーは、約三時間前にスペースシャトル内に乗り込む。船長が真っ先にキャビンに乗り込み、それから順次乗り込むのだが、与圧服を着てそれぞれのシートにつくのには時間がかかる。

打ち上げの時のスペースシャトルは、垂直に立った形になっている。だから私たちは、椅子に座ったままひっくり返ったように、背中を下に向けた状態でシートに着席しているのだ。

着席してからは、チェックリストに従い管制室との通信システムのチェック。さらにさまざまな計器のチェックを済ますと、もうキャビンにいるのはクルー七人だけ。入り口のハッチは閉められ、あとは発射を待つのみとなる。

実はスペースシャトルのカウントダウンは、三日前から行われている。途中で何度か中断して、機体のチェックをしながら、カウントは繰り返される。

カウントの数字がどんどん減っていくうちに、おのずと七人の間で緊張が高まってきた。

そして発射九分前。

ここでカウントダウンの数字がいったん止まる。その間に、打ち上げ管制センター内の各担当者が、最終的に打ち上げを行うかどうかを判断する。そして止まっていた発射九分前の数字が、ふたたび減っていった。地上から、最終的な打ち上げＯＫが出たということだ。ここから先は、コンピュータの自動シーケンス作業になる。

発射二分前。

船長の指示により、クルー全員がヘルメットのバイザーを閉じる。与圧服の中は、これで密閉状態になる。

そして打ち上げ三十一秒前。ディスカバリー号のコンピュータに打ち上げが委ねられる。ここからはディスカバリー号の頭脳が、飛躍のときに向けて動きだす。

六秒前。メインエンジン点火。下にしている背中に、下から振動が伝わってくる。

メインエンジンの出力を確認し、それから固体エンジンに着火。
五、四、三、二、一……〇！

二台の固体ロケットブースターが点火。コックピット内が一瞬ぐらっと揺れ、予想以上の激しい振動とともに、機体は上昇する。そして、どんどんどんどん加速。地上に押さえつけられるようなすごい圧力が、私の体にかかってくる。

すごい勢いでディスカバリー号は飛んでいく。

宇宙へ。宇宙へ。

◎「ようこそ、宇宙へ！」

発射からしばらくは、ものすごい圧力が体にのしかかってきた。加速しているのがよくわかる。

打ち上げ二分後。固体ロケットブースターが切り離されると、第一のハードルを越えた安堵《あんど》感でほっとする。揺れも少なくなり、ディスカバリー号の動きはぐっとスムーズになる。再びメインエンジンの推力が上がっていき、さらに加速される。

打ち上げ四分後。地上から「Negative Return」のコール。これから先は、もうケネディ宇宙センターには戻れない。このコールを聞くと、特別に気が引き締まるのだ。

そして発射七分後からの一分半は、まるで巨大な空気の塊が体を床に押さえつけているような感じ。呼吸も意識して大きく吸う必要がある。この時の圧力は約3G。つまり、自分の重さが三倍になったことになる。

ほっぺたが下に引っ張られる感覚に耐えていたその瞬間、メインエンジンが停止。体が前につんのめるような感じとともに、一挙に無重力状態に入った。

それまで床に押さえつけられていた紙やペンやホコリが、ふわふわと自分の周りを漂い出す。何とも奇妙な光景だ。

(ああ、本当に宇宙に来たんだな)

この瞬間、クルー全員が同じことを思ったのだろう。思わずみんな顔を見合わせて、ガッツポーズを取ったりした。

「Welcome to Space!(ようこそ、宇宙へ!)」

ポインデクスター船長の声がコックピット内に響き渡った。

私たちはまず、与圧服の手袋を外した。そしてヘルメットをとり、シートベルトを外すと、ふわっと体が席から浮いた。

「最初は体が無重力状態に慣れていないから、姿勢をあまり変えずに、ゆっくり動くんだ」

と先輩の宇宙飛行士からアドバイスされていた。しかし私は、席から体が浮いた瞬間、

（あ、これはいける）

と感じた。宇宙での体の反応は個人差があるが、私の場合、体中の細胞がこの無重力状態を喜んでいる感じがしたのだ。

人間には約六十兆個もの細胞があり、そのそれぞれの細胞には生命の起源から三十億年の歴史が記憶されている。しかし細胞の中の遺伝子は、実際には五～十パーセントしか使われておらず、残りの機能はわかっていないという。その普段は眠っている細胞が、宇宙に来て覚醒《かくせい》した感じ、そんな感覚がしたのだった。

窓から外を見ると、朝日を浴びている地球がとても美しかった。吸い込まれそうな暗黒の宇宙空間。その中で青く光り輝いている薄い地平線。そして光を反射してキラキラ輝いている海。

同僚のリックと共同で、ペイロードベイの扉を開ける。扉の内側は放射板になっていて、スペースシャトル内の熱を排熱するようになっている。実はこの時、Ｋｕ大容量バンドアンテナが故障した。その影響は、まだこの時点では知る由もなかった。

初日は、座席をたたんだり、与圧服を収納したり、ミッドデッキにある実験装置の起動点検をしたり、ロボットアームの起動などさまざまなチェックを行い、あっという間に時間が過ぎる。

そして打ち上げ六時間後には就寝。宇宙での初日は慌ただしく終わった。

◎朝の目覚めは大好きな曲で

ディスカバリー号の機内に、荘厳な男性の歌声が流れる。スティーヴ・グリーンの「FIND US FAITHFUL」だ。

(ああ、朝だ。宇宙での二日目が始まるんだ)

打ち上げ後ぐっすり眠ったおかげで、すっかりリフレッシュ。

スペースシャトルのミッションでは、伝統として毎日、家族からクルーにウェイクアップコールの曲が捧《ささ》げられる。

「おはよう、ディスカバリー号の諸君、そしておはよう、クレイ」

地上の管制室からの交信が流れる。

(ああ、そうか。この曲はクレイへの曲なんだ)

「ヒューストン、こちらディスカバリー号。私は妻と二人の子どもたちに感謝したい。私たちはみんな、この宇宙で素晴らしい日を迎えることを期待している」

クレイが応《こた》えた。

「クレイ、みんな君の声が聞けてとてもうれしい。みんな素晴らしい一日を待っているだろう。きっとそうなるに違いない」

こうやって宇宙での朝は始まる。

この日は、丸一日がかりでスペースシャトルの耐熱タイルの点検をする。

二〇〇三年のコロンビア号の事故の原因は、打ち上げ時に外部燃料タンクからの破片がスペースシャトルの翼に当たり、耐熱タイルに傷がついてしまったことによる。地球への帰還時に大気圏に突入する際、その傷から熱が入り込み、スペースシャトルが空中分解してしまったのだ。

それ以来、宇宙空間にまで到達したスペースシャトルは、クルーが分担して、レーザーを使用したセンサーを使い、スペースシャトルの表面をくまなく点検する作業をすることになっている。たとえ六ミリ以下の小さな傷でも、厳しい状況下では致命傷になる可能性があるのだ。

点検は、ロボットアームの先にさらに十メートルの延長ブームを取り付け、その先端についているセンサーで機体の表面を検査する。私は、コックピット先端と左翼の点検を担当した。

点検したデータ画像は、本来ならばＫｕバンドアンテナで地上に送られ、地上チームが解析する。しかしそのＫｕバンドアンテナが故障したため、画像は一度録画し、それをパソコン上でデジタルデータに変換してもうひとつのＳバンドアンテナで地上に送った。高画質のデータは、ＩＳＳにドッキングしてから地上に送る。この対応策は、われわれが就寝している間に、地上チームが考えてくれたものだった。

宇宙では何が起こるかわからない。地上と宇宙が一体となってこそ、臨機応変な対応ができるのである。

この日の就寝前、みんなで窓から宇宙空間に浮かんでいる地球を見ていると、オーストラリア上空で緑に光るオーロラが見えた。

◎過去一回しかないレーダーなしのドッキング

私たちのSTS―131のいちばん大きなミッションは、多目的補給モジュール「レオナルド」に搭載された実験用のラックや補給物資、クルーの個室などをISSへ運ぶことである。そしてISSからは交換用のアンモニアタンクなどを収容する。そのために、ロボットアームの操作をする私の出番は責任重大である。このミッションのためには、ISSにディスカバリー号をまずドッキングさせなければならない。

ISSには第二十三次長期滞在クルーのメンバーである野口聡一宇宙飛行士がいる。日本人が二人、同じ宇宙空間にいるのは初めてだ。また、長期滞在クルーのメンバーのトレーシー・カードウェル宇宙飛行士がいる。これにディスカバリーのステファニー、ドッティそして私が加わり、四人の女性宇宙飛行士が一堂に会することになる。これも史上初めてのことだ。

だから打ち上げから三日目、ISSとのドッキングは本当に待ち遠しかった。

ドッキングする前に、ディスカバリー号のトイレのタンクにたまっていた尿を、船外に廃棄する。宇宙空間に放出された尿は、太陽の光を受けてキラキラ輝き、まるで雪の結晶のようだった。

それからディスカバリー号はドッキングの態勢に入る。

通常のドッキングでは、ISSに五十キロまでに近づいた時点で、レーダーで誘導制御していく。しかしレーダーはKuバンドアンテナを使用するため、それが故障したディスカバリー号ではその方法が採れない。そのためディスカバリー号は、レーダーなしでISSに接近していった。

実はレーダーなしのドッキングは、過去のスペースシャトルのミッションでも、わずか一回しかない。そのためこの作業は、もちろん事前には訓練していたとはいえ、かなり緊張の伴うものだった。ポインデクスター船長以下、七名のクルー全員の共同作業により、ディスカバリー号はゆっくりとISSに近づいていった。

ISSから百八十メートルほど離れた地点で、ポインデクスター船長はディスカバリー号の機体をゆっくりと三百六十度回転させた。これは、コロンビア号の事故以来、前日に点検したところ以外のスペースシャトルの機体表面に問題がないか、ISSのカメラで撮った映像をジョンソン宇宙センターに送り、チェックするために行われるのだ。

◎宇宙でのランデブー

野口宇宙飛行士からコールがあった。

「I cannot wait to see your big smile.（あなたの笑顔が待ちきれません）」

それを受け、私もディスカバリー号から答えた。

「Same here. Looking forward to seeing you soon.（こちらもそうです。まもなく会えますね）」

シャトルの窓から見るＩＳＳは、太陽の光を浴びて輝いていて、とても荘厳だった。最初は星のように点で見えたＩＳＳが、今では窓一面に迫って見える。サッカー場一つ分もの大きさがあるのだから、当然だ。

軌道上四百キロの高さを回っているＩＳＳ。アメリカ、ロシア、ヨーロッパ、カナダ、そして日本の各国が協力して建設したＩＳＳ。人類の力がいかにすごいものか。

ディスカバリー号はいよいよ距離を縮めていく。一時間三十分ほどかけ、ディスカバリー号はＩＳＳにゆっくりと接近してドッキングした。ドッキング機構部はロシア製である。ドッティと私で、一つ一つラッチやボルトの開閉のボタン操作をする。途中、ドッキング機構のアライメントがずれるが、こういう事態は訓練で練習していたので、即座に回復手順に移り、スムーズに結合完了。空気漏れなどがないかどうかチェックして、ハッチが開かれた。

トンネルのような結合部を通り抜けて、ディスカバリー号のクルーは次々にISSに乗り込む。船長は私を真っ先にISSの中に入れてくれた。そしてそこには……、野口さんたちISSのクルーが笑顔で待っていた！

私は今、「きぼう」日本実験棟の中に入っている！

「きぼう」の構想が始まってから二十六年。四半世紀の時を経て、日本の宇宙開発関係者の文字通りの「きぼう」が、いま私の目の前にある。

大学院を出てNASDAの職員になったばかりの頃、まだ宇宙に飛ぶ前の「きぼう」のシステムの開発の一端を担っていた。

またその後、土井宇宙飛行士が「きぼう」とともに宇宙に飛び立ったとき、私は筑波宇宙センターから交信し、みんなの思いをひしひしと感じていた。

その「きぼう」の中に今、私がいる。

この夢のような瞬間を、私はしみじみとかみ締めていた。

◎地球と宇宙の遠距離コール

ＩＳＳに乗り込んでから数分後、私はＩＳＳのロボットアーム「カナダアーム２」のコントロールパネルの前にいた。飛行二日目に使用した検査用の延長ブームを、シャトルのペイロードベイから取り外すのだ。翌日、多目的補給モジュール「レオナルド」を取り付けるときに、延長ブームがシャトルについたままだとぶつかるおそれがあるので、事前に外しておかなければならない。

地上では何度も訓練したが、実際のＩＳＳのロボットアームを操作するのはこれが初めて。二つのハンドコントローラーを使って、手動で慎重に操作していく。ロボットアームは、訓練と同じようにスムーズに動いてくれて、ホッと胸をなで下ろす。

寝る前に、ＩＳＳのパソコンを使って、夫とＩＰフォンで話をした。シャトルのＫｕバンドアンテナが故障しているので、ＩＳＳにドッキングしているときだけ、電話やメールができるのだ。

回線は常につながっているわけではないのでほんの数分間だけの会話だったが、宇宙と地球で四百キロもの隔たりがあるのに、その距離が感じられないほど夫の声が明《めい》瞭《りょう》に聞こえる。

「こっちのことは心配しないで、思いっきり仕事を楽しんでおいで」

夫の言葉がうれしい。娘はもう、学校に行っている。

私は元気だと、直接伝えることができてよかった。

◎日本上空での重大ミッション

四日目の朝は、私へのウェイクアップコール、宮崎駿《はやお》のアニメ映画『天空の城ラピュタ』で流れる久石譲《ひさいしじょう》作曲の「ハトと少年」だった。

いつ自分の曲が流れるかは、前日に船長から知らされる場合もあるが、その日になって初めてわかることも多い。だから、毎朝ワクワクしながら目覚めるのである。

地上管制室からのいつもの「おはよう」に対し、私は英語で応答するとともに、日本語で「ありがとうございました」と応えた。すると管制官が、

「素晴らしいわ、直子。あなたの家族もここにいて、喜んでいるわよ」

と思わぬ応答が。

夫と娘も管制室のすぐ側で、ニコニコしながら私の声を聞いているかと思うと、地球と宇宙というとんでもなく離れた距離にいても、心はつながっている、そう実感できた。

テレビや新聞などで見る私たちの様子から、きっと無重力状態にいる私たちはISS内で飛び回ったり、いろいろ遊んだりと、そんな印象ばかり強いかもしれない。しかし実は私たちは、ほとんど分刻みで大量のミッションをこなしている。中でも飛行四日目からは、今回のミッションのハイライトともいえる多目的補給モジュール「レオナルド」の取り付けを、ISSロボットアームを操作して行った。

この日、まずステファニーがレオナルドをシャトルのペイロードベイから取り出した。

そしてISSの近くまで自動プログラムで移動させ、そこから私が手動でISSに取り付ける。

ISSとの結合部が重なり出す三十センチまでにレオナルドの姿勢をぴたっと合わせ、そこから秒速〇・四〜〇・五センチの速さでくっつけていく。速すぎたら結合機構にダメージを与えるし、遅すぎたら今度は結合機構がくっついてくれない。何度も訓練したように、ハンドコントローラーを慎重に操作し、レオナルドを近づけ、結合。予定よりも早く操作が完了してホッとしていると、周りのみんなから、

「日本上空での結合、おめでとう！」

えっ！　と思って、カメラ画像に映る地球を見てみると、本当に日本列島が下に見えた。何ともうれしい偶然！

さっそく取り付けたレオナルドのハッチを開け、物資の移送をはじめた。そしてそこからロッカーのような保管ラックを一つ取り出して、「きぼう」の船内保管室の中に取り付けた。今日から私は、「きぼう」の窓のそばに寝袋をつけて、寝ることにしよう。

◎ロシアのお茶でホッと一息

翌五日目から七日目まで、休むことなく作業は続けられた。

五日目には第一回目の船外活動が行われた。リックとクレイがアンモニアタンクを交換したり、船外に八か月間置かれたままになっていた日本の実験材料を回収したりする。これは、宇宙空間にむき出しにして宇宙放射線や原子状酸素などを浴びた実験

材料がどのような影響を受けるか、地上に持ち帰って分析するのだ。

その後私と野口宇宙飛行士で、レオナルドに搭載した三つのラックをISSに移送した。

しかし、ラックはそれぞれ五百キロもの重量があるが、無重力だから重さは感じない。しかし、これだけ質量のあるものを動かすには、周りにぶつけないようにゆっくり、安定させて動かさなければならない。そのうえ、ラックの前後にいる相手はお互いが見えないので、お互い声を掛け合って作業を行う。

特にモジュールをつなぐハッチを通るときは、ラックがギリギリの大きさで、左右上下に数センチ程度の隙間しかないので、細かい指示を出しながら移動。まさに匠《たくみ》の技である。

その翌日もラックの取り付けを行い、計七つのラックの取り付けを完了した。これでISS内の実験研究も、かなり充実してきたように思う。

ラックの移送だけでなく、さまざまな物品のISSへの移送、あるいはISSから回収を行うのが、今回の重大なミッションだった。その扱った物品の数は千点にものぼった。コンテナ一つは一点に数えるが、その中には私たちも知らされていないさまざまなものが詰まっているので、実際には私たちが扱ったものは数千点にも上るだろう。

この物資移送に割り当てられた時間は、クルー全体で約百二十時間。単純に計算すると、物品一つあたり、移送にかかる時間は七分程度になるのだが、それぞれの物品のストラップを解いたり、逆に締め直したり、リストを確認したり、最終チェックをしたり、ものによっては大気圏突入の時の負荷に耐えるよう発泡スチロールなどの梱《こん》包材《ぼうざい》で包んだり、などということを繰り返すわけだから、あっという間に時間が経ってしまう。

私たちクルーは、サッカー場と同じ広さのISS内を、休む間もなくあっちに行ったりこっちに行ったりして、おかげでISS内のいい探検になった。

起床してからずっと働きづめで、唯一の休憩時間はお昼ご飯の時。飛行七日目、ロシアのサービスモジュール内でロシア料理をごちそうになる。お湯で戻したボルシチスープと、ラズベリーティがことのほかおいしく、思わずホッと一息ついた。ロシア人は日本人に似てお茶好きだ。お礼に日本製の乾燥イチゴ入りのチョコをあげたら、とても喜んでくれた。

◎子どものときの感動を俳句に詠む

飛行日八日目にして、ようやく三時間の自由時間が午前中にもらえた。

この機会に、みんなと写真を撮り合う。

野口宇宙飛行士と私とで、史上初の日本人二人同時宇宙滞在の記念ツーショットや、ステファニー、ドッティ、私と、ISS長期滞在のトレーシーの、これまた史上初の女性四人同時宇宙滞在の記念写真など、想い出に残る写真が次々にできあがった。

さらに、無重力ならではのおもしろ実験をやろうということになった。野口宇宙飛行士と一緒に、二人綱引きや組み体操、ロープ渡り。そして飛天の舞や、シアトルの桜の花びらを使った水中花も。

そうこうしているうちに、午後からのイベントが始まった。

首相官邸と中継でつないで、毛利衛宇宙飛行士の司会進行の下、平野博文官房長官（当時）や前原誠司宇宙開発担当大臣と交信する。

官邸には、私の地元・千葉県松戸市の小中学生も集まっていた。

私は小学校のとき理科の授業で、私たち人間の体を形作っているのは窒素や酸素や鉱物などで、これは空に輝く星とほぼ同じ成分であると教えてもらって、とても驚いた記憶がある。はるか遠くにあると思っていた宇宙が、自分の故郷のように懐かしく思えた。

この美しいかけがえのない地球も、そこに命を授かった私たちも、みんな宇宙の子である。

瑠璃色《るりいろ》の 地球も花も 宇宙の子

小学生の時の驚き、喜び、感動を思い出し、宇宙から地球を詠んだ俳句を披露した。平野官房長官や前原大臣から素敵な返句をいただき、子どもたちと質疑応答を行った後、野口宇宙飛行士の横笛と私の琴の合奏で「さくらさくら」を演奏した。「きぼう」そしてＨＴＶ補給機などにより、宇宙開発における日本の存在感が上がってきている。若い世代には、どんどん私たちの跡を継いでいってほしい。

ＩＳＳで冷凍保存されていた実験試料を、地球に持ち帰るためシャトル内の冷蔵庫に移動。そしてシャトル内の各実験装置を点検し、この日も一日終了した。

◎三か国語が飛び交う国際記者会見

飛行日十日目の午前中、ディスカバリー号のクルー七名と、ＩＳＳ長期滞在クルー六名の計十三名が合同記者会見を行った。記者会見に先立ち、全員で記念写真を撮る。全員が三百六十度ぐるっと円形になってカメラを見ている、無重力ならではのポーズ。そしてこのまま会見に突入したのだが、女性四人は天井からぶら下がったままだった。地球から見たらちょっと面白い映像だったかもしれない。

記者会見はヒューストン、モスクワ、東京をつなぎ、英語、ロシア語、日本語が飛び交った。まさに国際プロジェクトだ。

途中私に、

「訓練を開始して十一年が経ちましたが、宇宙に来てよかったと思いますか？」

と質問があった。

「はい。宇宙は、たとえ何年かかっても到達するに素晴らしい場所です」

とかみ締めながら答えた。答えながら、心からそう思った。

午後からは、各クルーが順番でそれぞれの家族と交信をした。パソコンを使用したTV会議なので、お互いの顔を見ながらおしゃべりできる。各人わずか十五分ずつだが、ミッション中唯一の機会である。

モニターを通して、娘と顔を見ながら話ができる。この日が来るのを、私はとても楽しみにしていた。というのは、娘とある約束をしていたからだ。

◎娘の質問に宇宙で解答

「ねぇ、ママ、宇宙で実験してもらいたいことがあるんだけど……」

打ち上げの前の二〇〇八年の初めのことだった。

当時娘は、通っていた幼稚園で、親子参加の自由研究に取り組んでいた。娘が疑問に思ったのは、

「お風呂《ふろ》の中では、入浴剤でお湯に色がつくのに、どうしてそのお湯の上にある泡には色がつかないの？」

「うーん。じゃあ自由研究のテーマにしてみよう」

夫のアドバイスで、家族みんなで実験することにした。題して、

「Can we color bubbles?（色つきのシャボン玉はできるか？）」

そして墨汁や赤い絵の具を持ち寄って、色つきシャボン玉をつくろうとしたのだが、ふくらますとどれもこれも透明になる。

でも、ふくらましたシャボン玉をよーく見ると、シャボン玉のいちばん下のしずく

には色がついている。

「きっと地球の引力が、色素を下に引っ張っているから、シャボン玉は透明になっちゃうんだよ」

「じゃあさ、もし宇宙のように重さがないところだったら、色のところがシャボン玉全部に行って、色つきになるの？」

「うーん、わからないから、ママに宇宙に行ってやってもらおう」

「そうしよう！」

それから二年あまり、今その実験をやろうとしている。このTV会議で娘に見せてあげたい。ずっと思っていた。


まず事前に石けんとトロピカル・ジュース、そしてストロー、タオルを用意し、練習してみた。色をつける以前に、無重力の中ではシャボン玉の液を作ること自体が難しい。

それでも何とか、赤いシャボン液をふくらました結果は……、なんと娘と夫の予想通り赤いシャボン玉になったのである！

重力がなければ、色水がまんべんなく球体に回り、全体が色づく。子どものちょっとした疑問が、私たちが日頃忘れがちな地球の重力などの自然科学の法則に思い至らせることになった。

そして、宇宙から娘の疑問に解答を出すことができたので、他の仕事や実験の合間、とても充実した気持ちにさせてくれたのである。

夜。十三名のクルー合同でディナーの食卓を囲む。

野口宇宙飛行士と一緒に、南極の昭和基地で使われているフリーズドライ食品であるキンメダイの煮付け、卵焼き、海老《えび》の酢漬けなどを具に手巻き寿司を作ったら、他のクルーにも大好評だった。ロシアの宇宙食の缶詰も具に加える。ロシア人のサーシャは、手巻き寿司のご飯にわさびを大量に塗って食べていた。

◎まだある宇宙の不思議

飛行日十一日目の朝は、松田聖子の「瑠璃色の地球」の曲で目覚めた。再び夫と娘が管制室のすぐ側に来ていることを、交信担当の管制官が教えてくれる。今日も一日がんばっていこう、そう交信が終わったあと、何とサプライズが起こったのだ。

管制室で働いている人がいっせいに立ち上がり、ガラス越しに見ている夫と娘の方を振り返り、笑顔で拍手をしたのだ。帰還後に夫はそのときの様子を感慨深そうに話してくれた。

その日は、私と元教師のドッティとで、ロボットアームを紹介するビデオの撮影を行った。ドッティが英語で、私が日本語で、それぞれ宇宙におけるロボットアームの役割などを説明する。

このビデオを通じて、宇宙の現場の様子が学校教育の中で子どもたちに伝わってくれるとうれしい。

「Ｍｙｃｏ」という実験がある。

今はＪＡＸＡ宇宙医学生物学研究室室長の向井千秋宇宙飛行士が中心になって始まった研究で、今回はジムとリックと私の三人がボランティアで実験に参加した。

この実験は地球上と無重力状態での、細菌の繁殖の違いを調べるもので、目覚めた直後、ほおと肩の皮膚の表面を粘着テープを貼ってとり、さらに鼻の穴とのどの粘膜のサンプルをとる。

実はＩＳＳ内でも、湿気のたまるところではカビが生えた例がある。将来、火星や他の惑星を探査するとき、宇宙滞在期間が長くなるので、そのためのデータが必要なのである。

まだまだ宇宙は、わからないことだらけである。

地球に帰還直前に、みんなで身長を測り合ってみると、私は何と、二・五センチも伸びていた！　重力で普段押しつぶされている背骨の間隔が、宇宙に行くと広がるのだろう。もっとも地球に戻ると、あっという間に元に戻ってしまうのだが……。

味もそうだ。

不思議なことに、宇宙に行くと味覚が変わるのである。妊娠中のつわりの時期のように、まったく味の好みが変わる人もいるという。

私はほとんど変わらなかったが、それでも味の感じ方が少し鈍感になった。おおむね他の人も同じようである。だから宇宙では、濃い味付けが好まれる。

ＩＳＳ滞在最終日となる飛行日十二日目の晩ご飯は、カレーにした。温めるだけで食べられ、その上スパイシーなカレーは宇宙食にもってこいで、他国の宇宙飛行士にも大人気だ。

この日、食事の後で、すべての作業が完了したことを祝って、野口宇宙飛行士とウーロン茶で乾杯した。

「きぼう」の窓から地球を見ながら、この十日あまりをふり返る。まるで竜宮城を訪れていた浦島太郎のように、あっという間の十日間だった。クルーはみんな、同じ釜《かま》の飯を食べた戦友のようである。

「いつの日か、たくさんの人が宇宙を旅する時代になればいいですね」

と、野口宇宙飛行士と語り合った。

◎さらばISS

ついにISSとお別れの日が来た。

飛行日十三日目。ISS長期滞在クルーにお別れのあいさつをして、ISSとディスカバリー号との間のハッチを閉める。

ハッチを閉めた後、ステファニーとドッティと私の三人で抱き合った。ISSでの任務を無事に終えた充実感、もうすぐ帰還する寂しさ、今までの訓練の日々など、さまざまなことが頭をよぎり、涙で目がかすんだ。ステファニーとドッティも同じだった。

（感傷に浸っている暇はない。さあ、作業に戻らなきゃ）

つかの間の抱擁の後、私たちはそれぞれの持ち場に戻る。ISSとディスカバリー号の結合部を減圧し、ISSから離れるアンドックの準備がすべて完了。三分間のタイマーをセットする。カウントダウンが始まると、機長がディスカバリー号の姿勢をフリードリフトにし、私が結合機構の設定を行い、そして全員にOKの確認をとった。二分二十秒のとき私はアンドックのボタンを押す。これをきっかけに結合機構が動き出す。時間的に忙しく、タイミングも計らないといけないこの作業は、実はいちばん緊張した。

タイマーがゼロを指し、ディスカバリー号がISSから離れていく。実際はゼロよりも少し早くISSから分離した。慌ててパイロットのジムがジェットを噴射。離れていくディスカバリー号を、ISSから野口宇宙飛行士が写真に撮っていた。後でこの写真を見たら、ディスカバリー号の窓の中で、ISSに向かって手を振るジムの手がはっきりと写っていた。

次の日は、翌日の帰還に備えて、キャビン内の整理整頓《せいとん》。畳んでしまってあった座席を元の位置に戻したり、ロッカーが不意に開かないようにロックをかけたり、エアコンのフィルターについているゴミやホコリを掃除機で吸い取ったり、濡《ぬ》れタオルで壁を掃除したりする。

まるで普段の生活でやっている家事のようだが、心の中でディスカバリー号にお疲れ様といいながら作業を進めていった。

「ナオコ、急いで来て！」

突然、船長の大声が響く。

何事かと思いながらフライトデッキまで行くと、船長が、

「トウキョウだ！」

と言った。

スペースシャトルは音速の二十五倍、秒速八キロの速さで飛んでおり、地球を九十分で一周する。だから九十分ごとに地上の昼と夜を見る。

私がフライトデッキに行ったとき、日本はちょうど夜だった。真っ暗な闇の中に、街の灯りに照らされた海岸線がくっきりと見えた。大阪、名古屋、東京、故郷の千葉県、そして北海道へと北上していった。

そこでは人々が、日々の生活を営んでいるはずだ。

ふと、宮崎駿作詞の『天空の城ラピュタ』の主題歌が思い出された。

「あの地平線　輝くのは　どこかに君をかくしているから」

打ち上げ前に私は家族に手紙を書いたが、実は、夫と娘からもサプライズの手紙があったのだ。軌道上に到達した後、船長がそれぞれのクルーに「配達」してくれた。

その手紙を、私は宇宙で何度も読み返した。

◎行きと同じく帰りも……

飛行日十五日目。いよいよ地球への帰還の日となる。

みんな協力しながら、順番に与圧服を着ていく。

そして帰還前の「フルイドローディング」。みんな体重に合わせて、塩水を飲むのだ。

これも宇宙の不思議の一つだが、地球上では重力の影響で体液が下半身に押されがちだが、宇宙では無重力なのでそれが上半身にまで回ってくる。すると脳は、体内の水分が余分にあると判断してしまうので、尿をたくさん出してしまう。そのため地球に戻るまえ、着陸の二時間前くらいからクルーは座席に着き、塩水を補給するのである。

さあ、ペイロードベイのドアも閉めた。フルイドローディングも始めた。後は地上から、軌道を下げるための逆噴射の命令を待つのみ……。ところがなかなかゴーサインが来ない。どうやら着陸予定地であるフロリダの天候が芳しくないようだ……。

（打ち上げのときも延期になったけど、帰りもまた一回休みになるのかな……？）


結局、天候不順で帰還は一日延期となった。

いったん閉めたペイロードベイのドアを開け、みんなで順番に与圧服を脱ぎ、トイレやキッチンを再び稼働させる。そんなことをやっているとあっという間に、夜。

窓から見える天の川は、とてもきれい。大気を通さないで見ると、星は地球で見るようには瞬かない。宇宙でしか見られない、とても澄んだ天の川だった。

その晩、数年前に他界した祖母が、なぜか夢に出てきた。夢の中の祖母は、家の中にいて笑っていた。きっと祖母は今、天の川の近くにいるのだろう。

◎四〇八八日目

さあ、今日こそ地球に帰還できるだろうか。

飛行日十六日目。フロリダの天候は今日も微妙だとのこと。

Ｋｕバンドアンテナの故障で、ディスカバリー号からはメールやＩＰフォンが使えないため、家族と直接交信はできない。その分、星出宇宙飛行士をはじめとする家族支援担当の宇宙飛行士がディスカバリー号の状況などを説明してくれていた。飛行後の解析によると、Ｋｕバンドアンテナの故障は、電気回路のトランジスタが一箇所壊れたためだったという。

クルーみんなの家族は、すでにフロリダ入りしていたが、本当に今日帰ってくるのかなぁ、第二着陸地点のカリフォルニアに行ってしまったらどうしよう、などと言いながら、ハラハラしながら待っていたようである。

今日最初の逆噴射の機会も、地上が霧で視界が悪いので延期。地球をもう一周して様子を見ることに。

二回目の逆噴射を待つ間、クルーの間では、予定通りフロリダに着陸するか、それとも第二着陸地点のカリフォルニアに着陸するか、賭《かけ》を行った。私はもちろん、フロリダに賭《か》けた。

　やがて地上から交信。

「Go for deorbit burn.（着陸に向けて逆噴射せよ）」

　フロリダ着陸のゴーサインだ。

　ディスカバリー号は逆噴射をして軌道から離脱、大気圏に突入した。これでもう宇宙には戻れない、後は地球に帰還するのみだ。

　超音速で降下していく機体は、空気加熱によりオレンジ色に光っている。

　それと同時に、それまでなかった重力が感じられ始めた。

（ああ……、地球に戻ってきたんだ……）

　重力は、ディスカバリー号が地球の支配圏に入った証拠だ。手を上げるのがだんだんと重くなっていく。持っていたエンピツを手から離すと、宙に浮かばずに下に落ちていく。

　重力だ！

　こんなにも重力を愛《いと》おしく感じたのは、生まれて初めてだった。

　グライダーのように、しかしもっと急降下で、ディスカバリー号は滑空していく。

船長のみごとな操縦！　窓の外に大地が近づき、やがて目の前に広がっていく。

着陸！

ついに私たちは地球に戻ってきた。

アメリカ東部時間で二〇一〇年四月二十日午前九時八分。

滞在期間にして十五日二時間四十七分十秒。飛行距離九百九十七万五千八百キロ以上。地球の周りを二百三十八周した私の宇宙への旅は終わった。

私たちは手袋とヘルメットを外し、サイドハッチが開くのを待った。数十分後、ハッチが開き、ハッチに連結された移動式の小部屋に移り、そこで与圧服からブルースーツに着替え、滑走路に降り立った。

滑走路に立った私がまず感じたのは、風だった。

そして、滑走路の脇の木々から運ばれてくる緑の香。宇宙船の中の人工的な空気とは違う、本物の自然の空気。

そして、優しい太陽の光。

着陸から一時間以上たち、重い重力にも徐々に慣れてくる。一歩一歩、大地の感触を味わいながら歩いていた。体中で感じる太陽の光。暖かい光だった。

そして心地よい風。娘が私に手渡してくれたバラの花の匂い。

私は、自分自身の足で地球の上に立っている。この重さは、その生命力の証《あかし》である。

（今、私は生きている。それも、決して一人ではない。地球と一緒に生きている）

私は、そう心の中で呟《つぶや》いた。

一九九九年二月十日に宇宙飛行士候補者試験に合格してから、四千八十八日目のことだった。

エピローグ　それでもこの世界は、すべて美しい

宇宙から帰還して、慌ただしい毎日が過ぎていった。

着陸後すぐ、滑走路上で記者会見を行った私たちは、すぐその足で夫と娘の待つ隔離施設に向かった。打ち上げ前の数日を過ごした場所だ。隔離施設でお世話になった懐かしい顔ぶれを見ると、妙にほっとする。

夫と娘はどこかなと探していると、奥の部屋から出てきた娘が、私の方へ駆け寄ってきた。娘の手には、

「Welcome back Naoko!（お帰りなさい、直子！）」

と書かれた旗と、バラの花束。その香が何ともかぐわしい。そして、娘の匂い。かたわらで夫がにこやかに見守っている。

十分くらいの慌ただしい再会の後、同じ建物内にある診察室で医学検査を行った。

その後、待ちに待ったシャワー。科学技術がこれだけ進歩した現在でも、宇宙でシャワーを浴びて、体を洗うことはできない。

そして、家族の泊まっているホテルに向かう。久々に娘と一緒にベッドの中で、くすぐりごっこをやって遊んだ。でも、いつの間にか私は、一人先に眠ってしまったようだった。

夫がゆっくり休ませてくれたので、目覚めたときは疲れはだいぶとれていた。

朝、三人で浜辺を散歩する。

打ち上げ前は、隔離中だったので子どもと会えず、夫と二人の散歩だった。そして今、夫と娘と私の三人で散歩している。

波の音。砂の感触。

地球に生まれたことに、感謝せずにはいられない。

午後、ヒューストンに戻り、帰還式典を行った。その時私の口から出たのは、

「この美しい地球に生まれたことを、誇りに思ってください」

という言葉だった。

着陸三日目にはより詳しい医学検査が行われ、車も自分で運転できるようになった。

無重力空間に二週間以上いたため、本来は下半身にたまっている血液が、宇宙空間では上半身にまで上り、それが再び地上で下半身に下りていく。そのため、立ちくらみ状態になる宇宙飛行士が多い。私の場合も、着陸後、とてものどが渇いたが、それ以外はさほどの支障もなく、わりとスムーズに日常生活に戻ることができた。

それと同時に、今回のミッションの様子を技術者と意見交換し、今後に反映するという膨大な量の仕事が、私を待っていた。

一九八一年にスタートしたスペースシャトル計画は、三十年目となった二〇一一年初めに終了した。奇《く》しくも私が、スペースシャトルに搭乗する最後の日本人宇宙飛行士になった。

これからの宇宙開発はどこに向かっていくのか、いろいろ言われてはいるがはっきりはしない。

ただ、人類がこれからも宇宙を目指していくということは、決して途絶えることはないだろう。私はそう確信している。

宇宙から帰ってきてしみじみ思ったことは、毎日家族とすごす平穏な生活が、なんて貴重なのだろうということだった。

今回のミッションに入ったとき、私たちクルーは全員、「遺書」を書いた。

もちろんNASAの技術力、スタッフの力量、そして何よりも私たちの船であるディスカバリー号に、私は全幅の信頼を置いていた。

それでも宇宙へ行くということには、必ず危険がついて回る。地上では予測もできないような出来事が起こらないとも限らない。そして地上と違って宇宙では、ほんのちょっとしたミスやアクシデントが、そのまま生命にかかわってくる。

そのようなミッションから無事に帰還できたことに、ホッとするとともに、なんの変哲もない日々を送るということが、どんなに大切なことか、よくわかった。

宇宙から帰ってきて娘を初めて見たとき、本当に心底、ぎゅっと抱きしめて、ずっとそのまま何時間でもいたかった。夫との間に生まれた娘の小さな命が、どんなにけなげで、私にとってどんなに大切な宝石なのか、今ほど心から思えるときはない。

チャレンジャー号の事故を見たとき、何気なくクリスタの夢を受け継いでいきたいと、十五歳だった私は思った。今の私の夢を、希望を、思いを受け継いでくれるのは、きっと娘であり、同じく全世界の子どもたちだろうと思う。

私の思いとは、世界は本当に美しい、ということだ。

私が学生時代に、数学や物理を勉強し、世界がある数式で表されたり、ある物理法則で説明されたりすることがわかったとき、本当にこの世の中は美しいと思った。

どんな存在も、決してムダというものはなく、世の中のすべてのものには意味がある。だから数式や法則に還元することができるのだ。

その美に満ちあふれた地球を、宇宙という外側の世界から見たとき、その思いは確信となった。

どんなに悲惨な災害が人々を襲おうとも、飢餓や貧困、差別や格差が厳然としてあろうとも、それでも生きている世界は美しい。私はそう思う。

そして、この美しい世界を、私たちは守って、次の世代に渡さなければならない。今より少しずつ、よりよい姿で。

悲しみや憎しみをなくすため、子どもたちが笑顔でいられるため、そのためにも美しい世界を、地球を守っていかなければならない。

私がクリスタから受け継いだ思いを、またいつの日か、私が今度は自分の娘に、世界の子どもたちにつなぐ。そして子どもたちはその子どもたちへ、さらに次の子どもたちへ……。

永遠のバトンリレーが続く限り、私たちの地球は限りない可能性と希望を持ち続けることができる。

私一人の思いはほんの小さなものでしかない。でも、すべての大人たちの夢や希望が子どもたちに受け継がれていけば、未来はきっと明るいものではないだろうか。

私は今、そう思っている。

文庫版のあとがき

それでも生きている世界は美しい。そう単行本のエピローグに書いてから、この言葉を幾度となく、かみしめることがありました。

二〇一一年三月一一日、東日本大震災が発生し、多くの方が犠牲になりました。そして、今もなお大勢の人々が困難な生活を余儀なくされています。

それでも世界は美しいのだろうか、心が揺らぎました。

そんなとき、『夢をつなぐ』が、第57回青少年読書感想文全国コンクールの中学校の部の課題図書になりました。そして、全国の中学生が書いた応募作品を読ませて頂きました。

視力を失った方からの決意とも言える感想文もありました。被災地の方からの葛藤《かっとう》しつつも希望の未来へと歩む感想文もありました。その一つ一つを読み、彼らの夢を受け止めつつ、夢がいろいろな形でつながっていることを感じ、祈らずにはいられませんでした。

二〇一二年七月一日には、ディスカバリー号で一緒に宇宙へ飛行した偉大なるポインデクスター船長が、不慮の事故で他界されました。きっと宇宙へと還《かえ》っていったのでしょう。彼と一緒に訓練し、ミッションを行えたことは私にとって貴重な財産でした。信頼して仕事を任せて下さったこと、家族ぐるみで一から教えて下さったことに改めて感謝します。

同じ頃、人類で初めて月面に降り立ったアームストロング船長も宇宙へと還っていきました。宇宙は、この地球も星も、命も光も、みな包み込む大きな故郷なのだと改めて思います。

スペースシャトルも二〇一一年七月、計百三十五回の飛行をもって退役しました。お世話になったディスカバリー号は、現在、ワシントンDCのスミソニアン博物館に展示されています。きっと、訪れる人々に夢をつないでくれていることでしょう。

それに伴い、七年越しで訓練していた米国ヒューストンを離れて帰国し、その後、十五年勤めたJAXAを退職し、次女を出産しました。より宇宙を身近に出来ればと思い、現在は、宇宙政策委員会の委員や日本宇宙少年団のアドバイザー等を務めています。

そして、二人の娘それぞれから日々学びの連続です。一緒に成長させてもらっている感じです。これも夢のバトンでしょうか。

家族としては、試行錯誤が今も続いています。きっと完成形というものはないのでしょう。状況によって進化していくものなのでしょう。現在、山崎大地は新しい夢である民間宇宙開発事業に必死で取り組んでいます。今までこちらの力不足の点が多かったと思いますが、これまでの彼の尽力と行動力に改めて敬意を表し、今後、形にとらわれずに、彼の取り組みを尊重していきたいと思っています。また、子供ながらに真剣に向き合って励ましてくれた娘にも敬意を表します。そして、私ども家族を支えて下さった多くの方々に深く御礼申し上げたいと思います。

人生に解はないですから、後で振り返った時によかったと思えるように努力していきたいと思います。


改めてこれまでの人生、沢山の方々にお世話になって来たことを実感します。

子供の頃に宇宙飛行士に憧《あこが》れを抱いてから二十数年、宇宙飛行士候補者になってから十一年。一人ではなく、多くの方々との共同作業でした。身近な家族や親戚《しんせき》、昼夜問わず一生懸命働いて下さったＪＡＸＡやＮＡＳＡの同僚、保育園や学校の先生方、直接的に間接的に励まして下さった世界中の方々。

実は、もっと長い年月をかけて宇宙飛行を実現された方もいます。

例えば、アメリカ人のバーバラ・モーガンさんです。一九八五年に、私が宇宙飛行士を目指すきっかけとなったチャレンジャー号に搭乗していたマコーリフさんと共に選抜され、彼女の交代要員を務めていました。チャレンジャー号事故を受け、暫く教師に戻った後、NASAで訓練を再開します。途中、コロンビア号事故があったものの、二〇〇七年に二十二年越しで宇宙飛行を実現させました。

バーバラさんの芯《しん》の強さには頭が下がりますが、とっても気さくで家族ぐるみでお世話になった方です。他にもたくさんの方から刺激を受けて来ました。

これだけの長い間よくがんばりましたね、とお声をかけて頂くことがあるのですが、一番がんばったのは、私本人ではなく、周囲の方だと思います。

そして何より、一番大きい要素は、日本がそして世界が、宇宙開発を継続して行うことが出来た、ということなのです。すぐには結果が見えづらい分野へ、未来への投資として、人や資金や技術の資源を安定して費やすことが出来たこと、そうした社会的な基盤に支えられているのです。そのような日本の底力を私は誇りに思います。

未来の宇宙大航海時代におけるプロジェクトは、より大きな資源が必要になるでしょう。国際協力も不可欠でしょう。人類共通の財産に向けて、様々な国が協力して、長期間安定してミッションを遂行していく、そうした社会的な基盤がより試される時代です。

その中で、日本が国際貢献出来ることはきっとたくさんあります。人の顔が見える貢献をし続けていきたいものです。そして、皆で協力して未来への道づくりをしていきたいものです。


宇宙から見る地球はとても神秘的で綺麗《きれい》でした。

でも不思議に思うのです。他の生物の目に映る世界は同じではないのです。紫外線が見える生物もいます。音を感じる周波数帯もそれぞれ違います。この可視光域を受け取って、ちょうど美しい色合いに世界を見ることが出来る人間の目。風のささやきを心地よく聞き取る耳。それを感じとる心。私たちは、この世界を美しいと捉《とら》えることができるように、進化して来たかのような気がします。

言い換えれば、美しいと思うかどうかは、私たちの心次第なのかもしれません。

宇宙から見た時に見えた地球の輝き。それは紛れもなく生命の輝きだったと思います。たとえ厳しい状況の中でも、一人一人が一生懸命に生きているからこその輝き、それは見る人の心に熱く伝わってきます。

いつまでも心をオープンにして、ありのままを感じられる澄んだ心でいたいものです。そして、この美しい世界が、美しさを感じる心が、未来へとつながっていくことを切に祈ります。

最後に、この本の生みの親である古里学さんと保倉勝巳さん、ご多忙の中、丁寧な解説と暖かいお言葉を下さった的川泰宣《まとがわやすのり》先生、そして、この本を手にして下さった皆様、人生でご縁を頂いた全ての皆様に感謝を捧《ささ》げます。

山崎直子

解　説

的川泰宣（JAXA名誉教授）

一九六一年に人類史上初めて宇宙を飛行したユーリ・ガガーリン以来、すでに五百人を超える人々が、厳しい訓練を積んで地球を周回した。月まで行った人もいる。しかし考えてみると半世紀で五百人と言えば、一年間にわずか十人である。まだまだ宇宙飛行士の体験していることは「普通のこと」ではない。

山崎直子さんは幼い頃「普通の女の子」だったという。それがどのような軌跡を通って「普通じゃない経験」をするに至ったかが、この『夢をつなぐ』に、分かりやすく丁寧に述べてある。これまで私が読んだ「宇宙飛行士本」の中で、最も読後感のすっきりしたものだった。その理由を考えてみた。

第一に、直子さんはその半生を自然に語りながら、自分の気持ちを素直に露呈している。天性のものであろう。誠実に読者に話しかけるように綴《つづ》っており、読む人はおそらく著者が目の前にいて直接その声を聴いているような錯覚に陥るだろう。

第二に、直子さんが宇宙飛行士をめざしたプロセスが、その選考過程の分かりやすい説明とともに述べられている。読んでいる人は、まるで自分が飛行士の試験を受けているように感じるだろう。臨場感のある筆力である。これも彼女の人柄から来ている。

第三に、さまざまな逆境に陥り、それと闘いながら生き抜いてきた著者の、人生へのひたむきな姿勢が、心を打ち、励ましてくれる。この世には、こんなに素敵な人がいるのだと、あらためて感動させられた。生まれつきでもあろうが、厳しく育てられた形跡もある。温かく、折り目正しく、それでも大胆に自分の夢を追う姿がまぶしい。

一般に宇宙飛行士の書く（あるいは語る）ものは、ひたすら夢を追いかけた過程が時系列で述べられていく。その陰にある私人としての心の葛藤《かっとう》や苦しみが赤裸々に記述されることは少ない。本書は、直子さんの裏面史が率直に飾らない形で叙述されている点において、非常にユニークで、親しみやすい特徴となっている。

第一章は、直子さんがどのように宇宙飛行士という仕事に近づいていったかが語られ、飛行士候補に選ばれるまでの過程が記述される。夜空の星を見上げて数を数えたり、生き物やお花の好きな「普通の女の子」が、天体望遠鏡の中のお月さまに感動したくだりが印象的である。私もそうだった。小学生の時に初めて天体望遠鏡を覗《のぞ》いたときに目に飛び込んできた、満月をちょっと過ぎたときの陰影感のある月の姿は、一生忘れられないものとなった。マックス・ファリエ、ヘルマン・オーベルト、ロバート・ゴダード、ウェルナー・フォン・ブラウン、……多くの宇宙のパイオニアたちが、天体望遠鏡によって宇宙への眼差《まなざ》しを得ている。

こうした経験をベースに、直子さんの一生を左右する事件が、中学三年の時に起きた。スペースシャトル・チャレンジャーの爆発。その時に散った七つの命の中に、クリスタ・マコーリフという高校の女性教師がいた。クリスタは、教師になりたいという夢を抱いていた直子さんの心に、「宇宙」という生きる動機を与える人となった。

ワープロ打ちやホワイトピースのジグソーパズルなど、飛行士になるときの選抜試験の内幕が語られているところも、読んでいてほほえましく面白いくだりである。

第二章は、バラエティに富んだ飛行士訓練の様子である。極寒の地でのサバイバル訓練、命がけの水上訓練などが、日本の「使い捨てカイロ」の話や黒海海上で飲むウォッカのエピソードなどを交えて、実に行き届いた説得力をもって描写されている。直子さんらしい心づかいが随所に見られてうれしい。

第三章は、二〇〇一年九月にISS搭乗宇宙飛行士に正式に認定されたこと、その前年一二月に山崎大地くんと結婚したことから記述が始まっている。山崎大地くんと角野直子さんの結婚は、美男美女のカップルとして話題となった。そして二〇〇二年八月には、長女・優希ちゃんを出産。その幸せな日々に、二〇〇三年二月のスペースシャトル・コロンビアの空中分解が暗い影を落とすことになった。

チャレンジャーの時と同じように七人の飛行士の命を奪ったコロンビアの事故は、野口聡一飛行士の飛行など多くの人々の運命を変えたが、直子さんにとって、「その影響は、『公』の部分だけではなく、『私』の部分にも大きな影を投げかけた」と記されている。

もともと古川聡、星出彰彦、山崎直子の三人は、日本を拠点として訓練し、時々アメリカやロシアに「出張」する「ISS長期滞在専門の宇宙飛行士」のはずだった。ところが、コロンビア事故の後に事情が一変し、アメリカ、ロシア、日本とめまぐるしく訓練の拠点を移していく凄《すさ》まじい日々が始まった。

宇宙飛行士の妥協を許さない厳しい訓練日程の中で、運用管制官の夢を持っていた夫の大地くんは、ついに会社に辞表を提出。「主夫」になると宣言した。それでもなお、チームとしての訓練を何よりも優先させる宇宙飛行士の論理と、愛する夫の夢をサポートしたい気持ちとの板挟みとなった直子さんの苦しみは並大抵のものではなかったろう。

直子さんが「ママさん宇宙飛行士」と呼ばれるのを嫌がっていると、私は以前によく耳にした。この本を読んで初めて、その真情が分かるような気がした。彼女は、つらい気持ちを持ちながら懸命にサポートしてくれている大地くんを始め、たくさんの彼女を支えてくれている人々がいてこそ「ママ」でいられるという事実を、その優しいハートでしっかりと受け止めていたのであろう。

その厳しい日々の中で、ソユーズ、スペースシャトル、ISSという三種類のフライト資格を得なければならない直子さんたちの訓練は、ますます多忙になっていった。ロシアの「星の街」で訓練していた頃の三人に、ちょうど別件で訪れた私が会ったことがある。直子さんにとって、古川、星出の同僚がそばにいたことは心強く、おそらくは有形無形に有難いことであったろう。第四章には、ソユーズの資格を得たのちにアメリカのヒューストンで訓練漬けになった日々のことが記されている。

日本人飛行士にとっての英会話力の大切さ、乗り物酔いの話、T―38ジェット練習機による訓練などが詳しく説明されている。このT―38訓練が、直子さんは最も好きだったようで、その訓練のものすごさは、一読の価値がある。

第五章で、直子さんは最後の追い込みに入る。二〇〇六年二月にミッションスペシャリストとして認定を受けた彼女は、大事な任務となるロボットアームの訓練にいそしみ、二〇〇八年三月の土井隆雄飛行士のサポートの任務を果たした後の一〇月、スペースシャトルへの搭乗に指名された。あの喜びの宇宙飛行士候補選定の日から実に九年九ヵ月である。

そこからの直子さんの訓練は、実際の任務である「国際宇宙ステーション組立てミッション（STS—131／19A）」に沿ったものになった。オレンジスーツを着ての訓練や、船内での生活と食事の話、命がけの緊急避難訓練などを語りつつ、だんだんと打ち上げに向けて緊張の高まっていく様子が、臨場感をもって語られていく。圧巻の第六章。二〇一〇年四月五日の打ち上げの瞬間まで、直子さんが打ち上げ準備の進行とともに心をこめて綴っているのは、大地くんと優希ちゃんのことである。私はここに、遂に夢を引き寄せた直子さんの引き締まっていく心と、素晴らしい「ママ」の姿を随所に感じ取ることができた。

そして打ち上げ。加速を体で感じ、やがて突然無重力に移り、ISSとのドッキングを経て宇宙での任務を果たしていくプロセスは、ここで語るのが惜しい。本文で展開される息もつかせぬ重要な仕事の数々は、まさしく日本の女性が堂々と世界の舞台で国際的責務を遂行していく誇りある姿そのものである。

人々は、宇宙飛行士の話を「一人の人物が夢をかなえた成功物語」として読む場合が多い。しかし本当はそのプロセスは、公私に大変な苦労を伴っていることが、本書によって理解されるだろう。それに何よりもそれは、個人のストーリーでありながら、実は、20世紀に一挙に「経済大国」になった日本が、世界の人々のために貢献し寄与する大切な仕事の実録なのである。

それほど遠くない将来、人々は、現在の航空機のように、一般乗客として宇宙へ大量に飛び出す日を迎えるだろう。日本の一人の女性飛行士が、その先駆けとして宇宙へ飛び出したことが、そのような時代の大切な準備だったのだと、そのころになると思い出されるだろう。直子さんは本文で言っている――「いつの日か、たくさんの人が宇宙を旅する時代になればいいですね」。

直子さんがクリスタ・マコーリフから「つないだ夢」は、優希ちゃんの世代に受け継がれ、さらにその後の時代の子どもたちへとリレーされていく。明るい未来を築くために、美しい地球をのこすために、私たちみんなが力を合わせよう。それが、あらゆることを率直に語ってくれた直子さんへの共感であり礼儀である。

本書は二〇一〇年七月小社刊の単行本を
文庫化したものです。

夢《ゆめ》をつなぐ
宇宙飛行士《うちゅうひこうし》・山崎直子《やまざきなおこ》の四〇八八日《にち》

山崎直子《やまざきなおこ》

平成25年 6月20日 初版発行
令和7年 10月10日 22版発行

発行者●山下直久

発行●株式会社KADOKAWA
〒102-8177 東京都千代田区富士見2-13-3
電話 0570-002-301(ナビダイヤル)

角川文庫 17962

印刷所●株式会社KADOKAWA
製本所●株式会社KADOKAWA

表紙画●和田三造

◎本書の無断複製（コピー、スキャン、デジタル化等）並びに無断複製物の譲渡および配信は、著作権法上での例外を除き禁じられています。また、本書を代行業者等の第三者に依頼して複製する行為は、たとえ個人や家庭内での利用であっても一切認められておりません。
◎定価はカバーに表示してあります。

●お問い合わせ
https://www.kadokawa.co.jp/ (「お問い合わせ」へお進みください)
※内容によっては、お答えできない場合があります。
※サポートは日本国内のみとさせていただきます。
※Japanese text only

©Naoko Yamazaki 2010, 2013 Printed in Japan
ISBN978-4-04-100879-9 C0195

JASRAC 出 1304676-522

◆◇◇

角川文庫発刊に際して

角川源義

第二次世界大戦の敗北は、軍事力の敗北であった以上に、私たちの若い文化力の敗退であった。私たちの文化が戦争に対して如何に無力であり、単なるあだ花に過ぎなかったかを、私たちは身を以て体験し痛感した。西洋近代文化の摂取にとって、明治以後八十年の歳月は決して短かすぎたとは言えない。にもかかわらず、近代文化の伝統を確立し、自由な批判と柔軟な良識に富む文化層として自らを形成することに私たちは失敗して来た。そしてこれは、各層への文化の普及滲透を任務とする出版人の責任でもあった。

一九四五年以来、私たちは再び振出しに戻り、第一歩から踏み出すことを余儀なくされた。これは大きな不幸ではあるが、反面、これまでの混沌・未熟・歪曲の中にあった我が国の文化に秩序と確たる基礎を齎らすためには絶好の機会でもある。角川書店は、このような祖国の文化的危機にあたり、微力をも顧みず再建の礎石たるべき抱負と決意とをもって出発したが、ここに創立以来の念願を果すべく角川文庫を発刊する。これまで刊行されたあらゆる全集叢書文庫類の長所と短所とを検討し、古今東西の不朽の典籍を、良心的編集のもとに、廉価に、そして書架にふさわしい美本として、多くのひとびとに提供しようとする。しかし私たちは徒らに百科全書的な知識のジレッタントを作ることを目的とせず、あくまで祖国の文化に秩序と再建への道を示し、この文庫を角川書店の栄ある事業として、今後永久に継続発展せしめ、学芸と教養との殿堂として大成せんことを期したい。多くの読書子の愛情ある忠言と支持とによって、この希望と抱負とを完遂せしめられんことを願う。

一九四九年五月三日

角川文庫ベストセラー

太平洋戦争　日本の敗因1
日米開戦　勝算なし
編／NHK取材班

軍事物資の大半を海外に頼る日本にとって、戦争遂行の生命線であったはずの「太平洋シーレーン」確保。根本から崩れ去っていった戦争計画と、「合理的全体計画」を持てない、日本の決定的弱点をさらす！

太平洋戦争　日本の敗因2
ガダルカナル　学ばざる軍隊
編／NHK取材班

日本兵三万一〇〇〇人余のうち、撤収できた兵わずか一万人余。この島は、なぜ《日本兵の墓場》になったのか。精神主義がもたらした数々の悲劇と、「敵を知らず己を知らなかった」日本軍の解剖を試みる。

太平洋戦争　日本の敗因3
電子兵器「カミカゼ」を制す
編／NHK取材班

本土防衛の天王山となったマリアナ沖海戦。乾坤一擲、必勝の信念で米機動部隊に殺到した日本軍機は、つぎつぎに撃墜される。電子兵器、兵器思想、そして文化――。勝敗を分けた「日米の差」を明らかにする。

太平洋戦争　日本の敗因4
責任なき戦場　インパール
編／NHK取材班

「白骨街道」と呼ばれるタムからカレミョウへの山間の道。兵士たちはなぜ、こんな所で死なねばならなかったのか。個人的な野心、異常な執着、牢固とした精神主義。あいまいに処理された「責任」を問い直す。

太平洋戦争　日本の敗因5
レイテに沈んだ大東亜共栄圏
編／NHK取材班

八紘一宇のスローガンのもとで、日本人は何をしたのか。敗戦後、引き揚げる日本兵は「ハポン、パタイ！（日本人、死ね！）」とフィリピン人に石もて追われたという。戦下に刻まれた、もう一つの真実を学ぶ。

角川文庫ベストセラー

太平洋戦争　日本の敗因6
外交なき戦争の終末
編／NHK取材班

日本上空が米軍機に完全支配され、敗戦必至とみえた昭和二〇年一月、大本営は「本土決戦」を決めたが――。捨て石にされた沖縄、一〇万の住民の死。軍と国家は、何を考え、何をしていたのかを検証する。

宋姉妹
中国を支配した華麗なる一族
伊藤純
伊藤真

二〇世紀が始まろうとする中国。財閥に生まれた三人の姉妹は、その後、財閥・孔祥熙、革命家・孫文、政治家・蔣介石のもとへそれぞれ嫁いだ。おのれの信じる道を生きた三人の運命を描く歴史ノンフィクション。

人間はどこから来たのか、どこへ行くのか
高間大介
(NHK取材班)

現在、科学の最先端の現場で急激な展開をみせるテーマ「人間とは何か」。DNA解析、サル学、心理学、言語学……それぞれのジャンルで相次ぐ新発見の数々。目から鱗、思わず膝を打つ新たな「人間学」。

女と男
～最新科学が解き明かす「性」の謎～
NHKスペシャル取材班

人間の基本中の基本である、「女と男」――。それは未知なる不思議に満ちた世界だった。女と男はどのように違い、なぜ惹かれあうのか？　女と男の不思議を紐解くサイエンスノンフィクション。

グングン脳がめざめる算数パズル
編／現代算数セミナー

マッチ棒問題や正解にあっと驚く暗号問題、複雑に見えて簡単な図形問題など、解けば解くほど癖になる、とっておきのパズルが満載。読んで考え楽しみながら、みるみる脳が活性化！　一挙両得のトレーニング。

角川文庫
キャラクター小説大賞
～作品募集中～

この時代を切り開く、面白い物語と、
魅力的なキャラクター。両方を兼ねそなえた、
新たなキャラクター・エンタテインメント小説を募集します。

賞／賞金

大賞：100万円

優秀賞：30万円

奨励賞：20万円　読者賞：10万円　等

大賞受賞作は角川文庫から刊行の予定です。

対象

魅力的なキャラクターが活躍する、エンタテインメント小説。ジャンル、年齢、プロアマ不問。ただし、日本語で書かれた商業的に未発表のオリジナル作品に限ります。

詳しくは https://awards.kadobun.jp/character-novels/ まで。

主催／株式会社KADOKAWA

横溝正史ミステリ&ホラー大賞

作品募集中!!

「横溝正史ミステリ大賞」と「日本ホラー小説大賞」を統合し、
エンタテインメント性にあふれた、
新たなミステリ小説またはホラー小説を募集します。

大賞 賞金300万円

《大賞》

正賞 金田一耕助像　副賞 賞金300万円

応募作品の中から大賞にふさわしいと選考委員が判断した作品に授与されます。
受賞作品は株式会社KADOKAWAより単行本として刊行されます。

●優秀賞

受賞作品は株式会社KADOKAWAより刊行される可能性があります。

●読者賞

有志の書店員からなるモニター審査員によって、もっとも多く支持された作品に授与されます。
受賞作品は株式会社KADOKAWAより文庫として刊行されます。

●カクヨム賞

web小説サイト『カクヨム』ユーザーの投票結果を踏まえて選出されます。
受賞作品は株式会社KADOKAWAより刊行される可能性があります。

対象

400字詰め原稿用紙換算で300枚以上600枚以内の、
広義のミステリ小説、又は広義のホラー小説。
年齢・プロアマ不問。ただし未発表のオリジナル作品に限ります。
詳しくは、https://awards.kadobun.jp/yokomizo/でご確認ください。

主催：株式会社KADOKAWA